生後６カ月のオリガ公女。祖母クセニアの膝の上で（1950年）

祖母クセニアと父アンドレイ

祖母クセニアと
父アンドレイ

祖母クセニアと子ども
たち（左から、おばイリ
ーナ、父アンドレイ）。
おそらく祖父アレクサ
ンドルによる撮影。祖
父の軍帽が見える。

後列左から祖父アレクサンドル、祖母クセニア、前列左から父アンドレイ、おばイリーナ。祖母の私室にて（サンクトペテルブルク、モイカ河岸通り106番地の宮殿内）

父アンドレイ（左端）。そのほかは兄弟と隣人、おそらくI. I. ヴォロンツォフ＝ダシコフ伯爵（1877-1932）の子どもたち。

ハンドルを握る父アンドレイ。海軍士官候補生の制服を着ている。

父の弟ロスチスラフ（1902-1978）と家庭教師（サンクトペテルブルク、モイカ河岸通り106番地の宮殿で）

祖父アレクサンドル大公
（1910年ごろ）

父の家族。左からニキータ、イリーナ、アンドレイ、ドミトリー、クセニア大公女、ヴァシーリー、フョードル、ロスチスラフ、アレクサンドル大公

「アイ・トドール」の中庭。左の旧邸は1870年代半ば、正面の新邸(「子どもの家」)は1912年に建てられたもの。祖父はこの地所を1891年に母親から相続した。

クリミアにある祖父アレクサンドルの地所「アイ・トドール」。奥に黒海、手前にぶどう園が見える。

父の兄弟たち。左からイリーナ、アンドレイ、フョードル、ニキータ、ドミトリー、ロスチスラフ、ヴァシーリー

後列左から、大公女オリガ・アレクサンドロヴナ、皇帝ニコライ二世、祖母クセニア、大公女タチアナ・ニコラエヴナ、大公女オリガ・ニコラエヴナ、前列は祖父アレクサンドル

軍服姿の父アンドレイ。海軍士官候補生だった父は、1915年に軍に入り、中尉として近衛騎兵連隊に配属された。

マリア・フョードロヴナ皇太后と、おそらく父の弟ロスチスラフ(1915年、エラーギン宮殿にて)。第一次世界大戦の初期、祖母クセニアと父の幼い兄弟たちは皇太后と暮らしていた。祖父アレクサンドルは軍務で不在だった。

左から皇太后マリア・フョードロヴナ、父の弟ニキータ、祖母クセニア（1915年、ペトログラード、エラーギン宮殿の庭園で）

父アンドレイ（右）と弟フョードル（1918年、リヴァディア宮殿で）

戦艦マールバラ。1919年、ジョージ5世が皇太后マリア・フョードロヴナとその親族をクリミアから脱出させるために派遣。

マールバラ艦上の皇太后マリア・フョードロヴナ。後ろにヤルタの街並みが見える。

マールバラ艦上の祖母クセニア。後ろはいとこのイリーナ(イリーナおばとフェリックス・ユスーポフ公の娘)

亡命中の祖母クセニアと父の兄弟たち(1948年ごろ)。後列左からフョードル、イリーナ、ニキータ、祖母クセニア、ドミトリー、前列左からロスチスラフ、父アンドレイ、一人おいてヴァシーリー。

祖母クセニア、ハンプトン・コート、「ウィルダネス・ハウス」にて(1950年ごろ)

フェリックス・ユスーポフ公とおばイリーナ。亡命先のフランスにて(1950年ごろ)

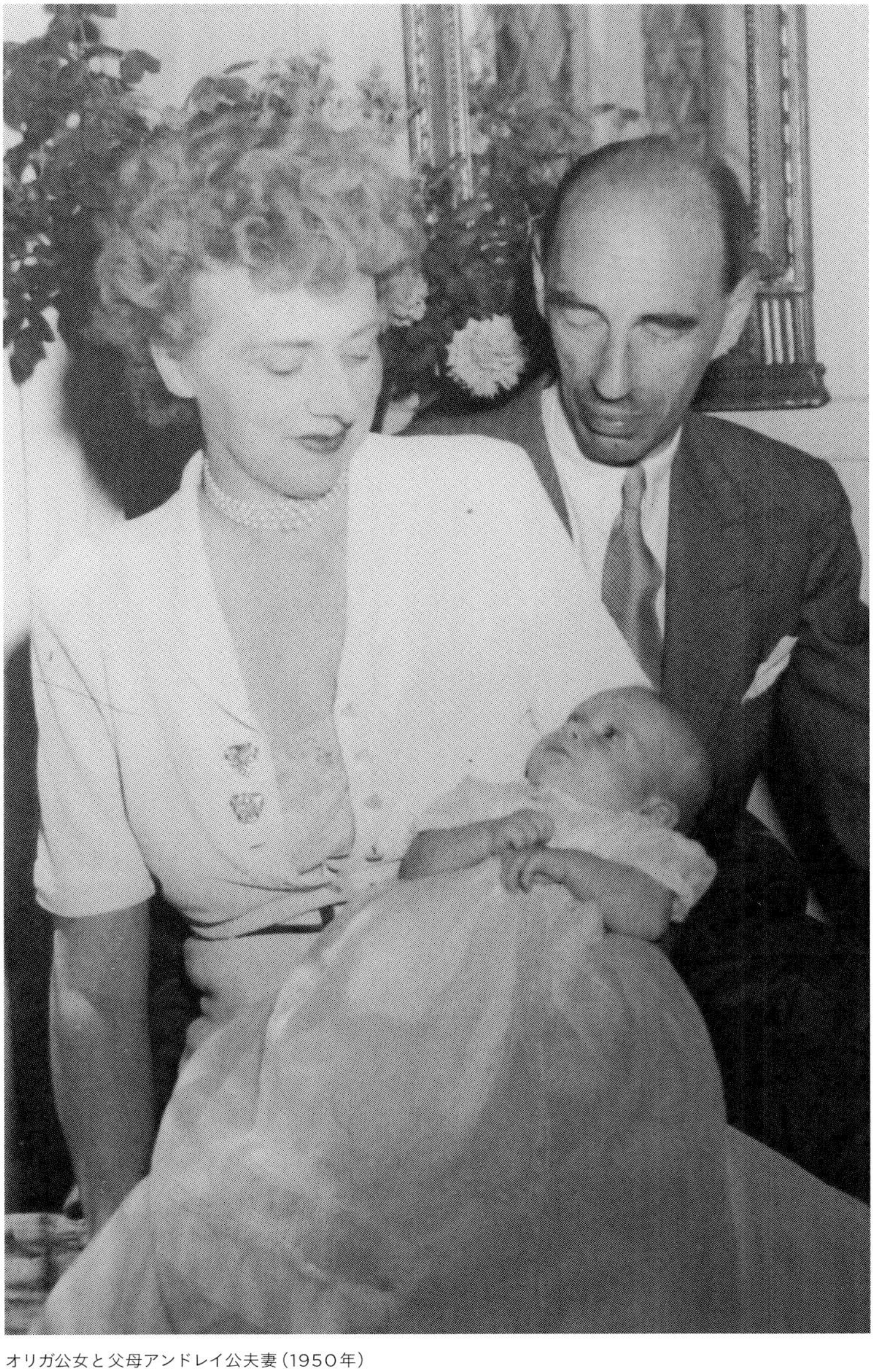

オリガ公女と父母アンドレイ公夫妻（1950年）

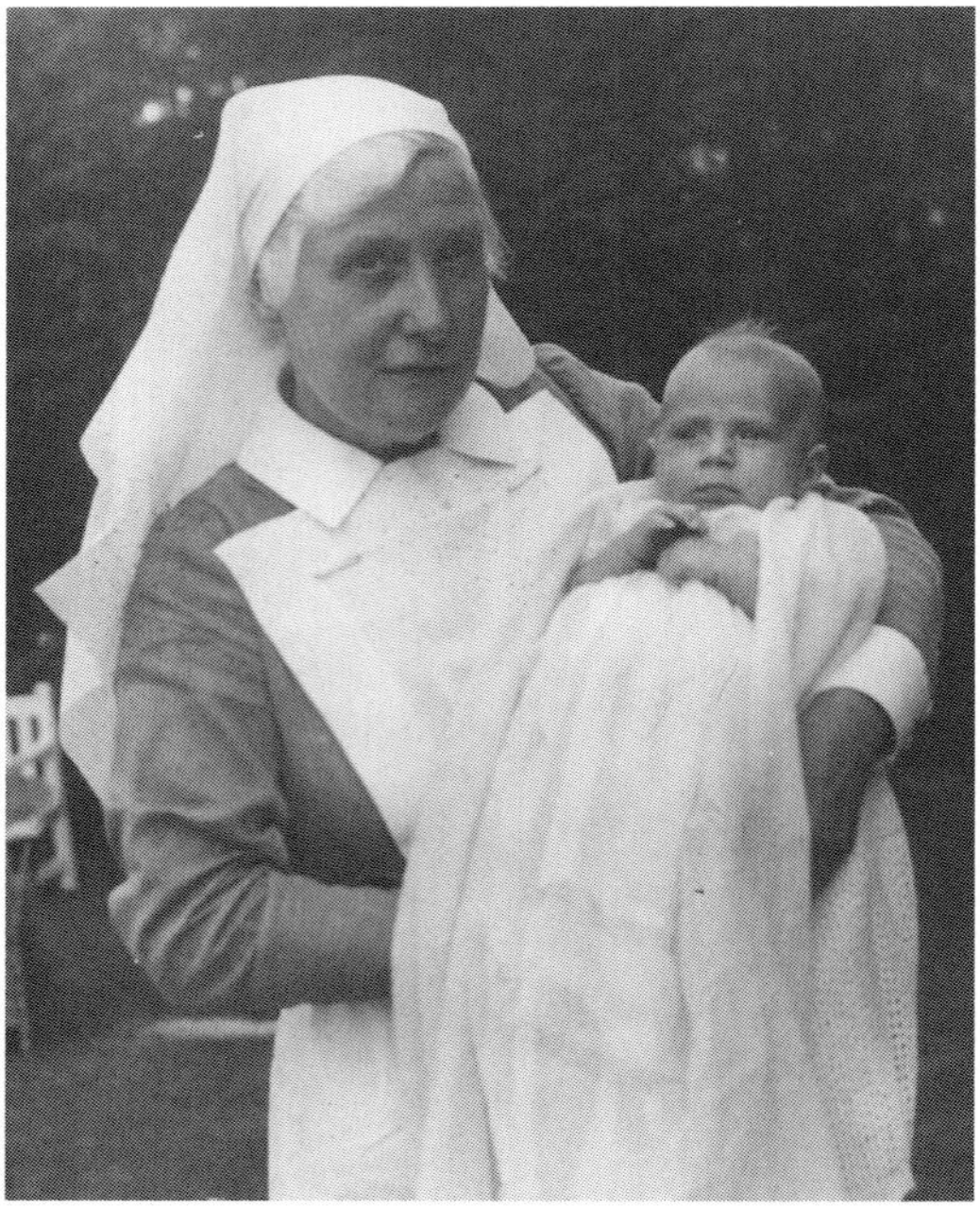

生後2カ月のオリガ公女を抱くシスター・ヘレン・ロウ

生後6、7カ月頃のオリガ公女

マザー・マルタとオリガ公女、父アンドレイ(1957年)

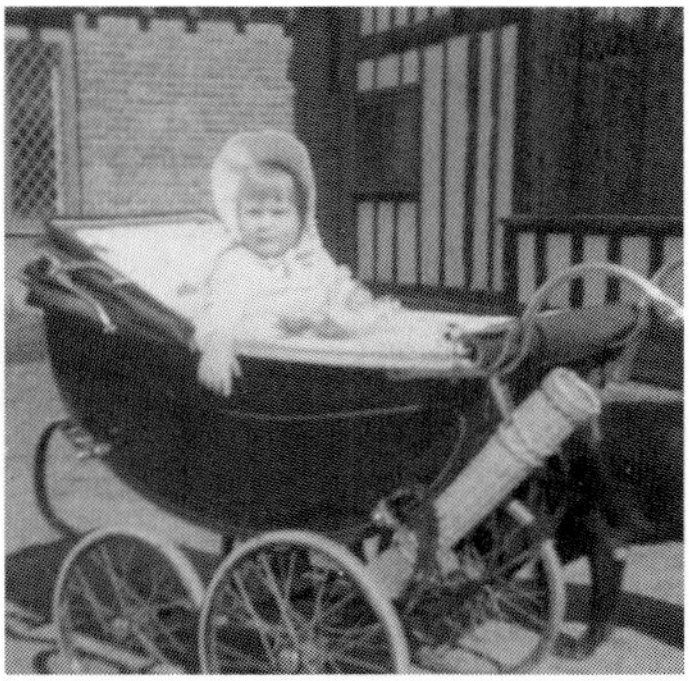

王室御用達の馬車製造会社が作った乳母車に乗るオリガ公女(1951年)

祖母クセニア、アレクサンドル公、そしてオリガ公女を抱えるマルガレーテ・フォン・バーデン公女

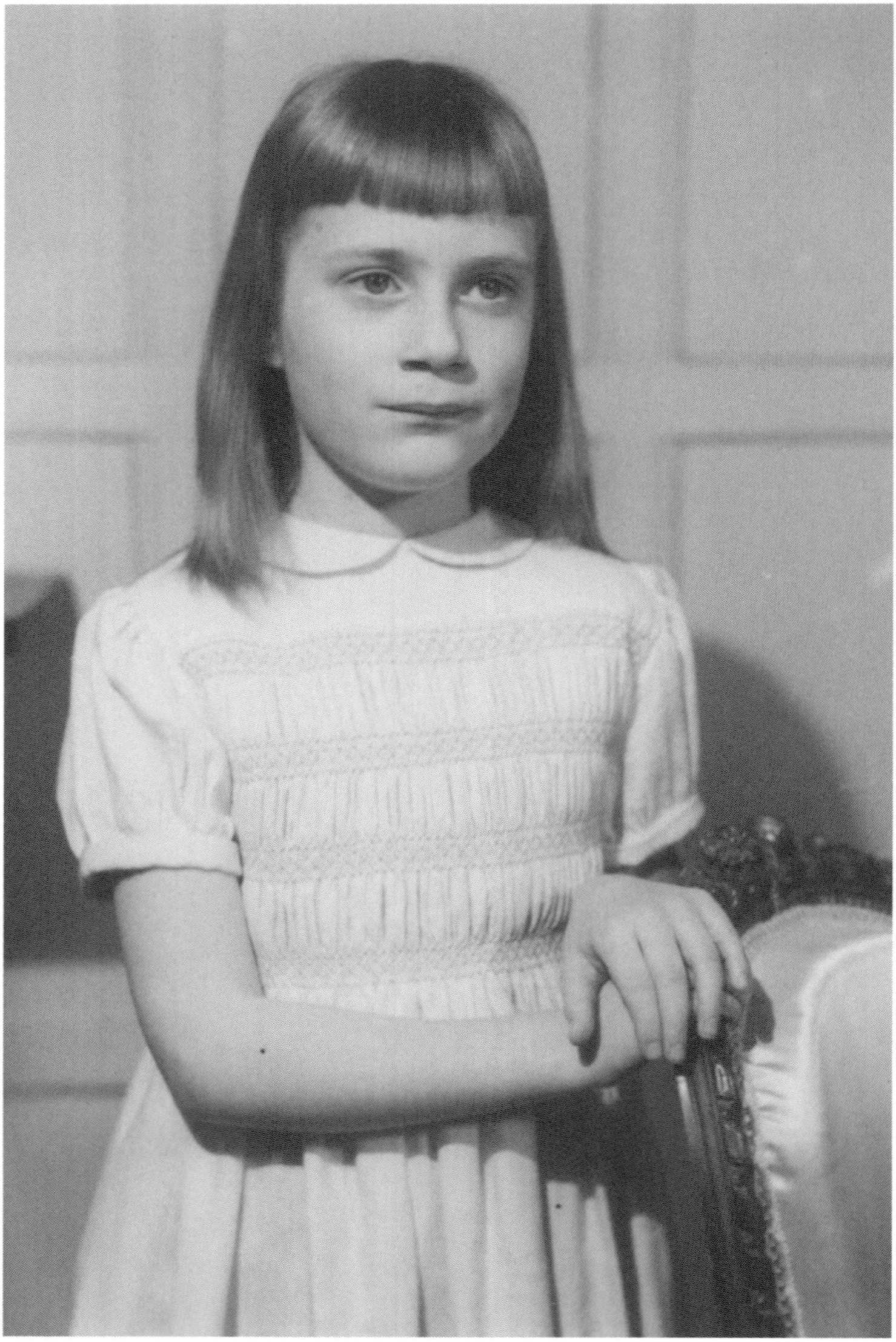

7歳のオリガ公女

オリガ公女の
「大好きなナニー・レイ」(1959年)

母ナディーンの乗馬姿

馬の乗り方をはじめて
学んだポニー、ティナ
にまたがるオリガ公女

ロバのネディーにまたがる
オリガ公女

オリガ公女とトマス・マシュー。ロンドンのロシア正教会での結婚式後に(1975年)

左から母方の祖母シルヴィア・マクドゥーガル、母ナディーン、父方の祖母クセニア。クレガワンにて。

オリガ公女の子どもたち。アレクサンドラと犬のオスカーをだっこする弟のトム

ATCの制服を着たオリガ公女の息子ニック(右)とフラン。それぞれ16歳と15歳。

オリガ・ロマノフ
わたしはプリンセス

オリガ・ロマノフ公女
井川歩美 訳

Originally published in the English language by
Shepheard-Walwyn (Publishers) Ltd.,
107 Parkway House, Sheen Lane, London SW14 8LS, United Kingdom
under the title "Princess Olga: A Wild and Barefoot Romanov".

目次

主な登場人物

○父方［ロマノフ家］

曾祖父母

ロシア皇帝アレクサンドル三世

皇后マリア・フョードロヴナ（デンマーク王女マリー・ダウマーとして生まれる）

祖父母

ロシア大公女クセニア・アレクサンドロヴナ（アママ）

ロシア大公アレクサンドル・ミハイロヴィチ（「サンドロ」）（アパパ）

両親

ロシア公アンドレイ・アレクサンドロヴィチ

ナディーン・マクドゥーガル

父の最初の妻

エリザベッタ・ルッフォ・ディ・サンタンティモ（〝エルサ〟）（一九四〇年に死去）

異母きょうだい

ロシア公女クセニア（〝ムィシ〟）（一九一九〜二〇〇〇年）

ロシア公ミハイル（一九二〇～二〇〇八年）
ロシア公アンドレイ（一九二三年～）

父のおじとおば
ロシア皇帝ニコライ二世
ロシア大公ミハイル・アレクサンドロヴィチ
ロシア大公女オリガ・アレクサンドロヴナ

父のいとこ（ニコライ二世の子どもたち）
ロシア大公女オリガ・ニコラエヴナ
ロシア大公女タチアナ・ニコラエヴナ
ロシア大公女マリア・ニコラエヴナ
ロシア大公女アナスタシア・ニコラエヴナ
ロシア帝国皇太子アレクセイ・ニコラエヴィチ

父の姉と弟
ロシア公女イリーナ（〝ティティおば〟。フェリックス・ユスーポフ公の妻）
ロシア公フョードル
ロシア公ニキータ
ロシア公ドミトリー
ロシア公ロスチスラフ
ロシア公ヴァシーリー

オリガ公女の子どもたち
ニコラス（ニック）
フランシス（フラン）
アレクサンドラ（〝アレックス〟または〝ポギー〟）
トマス（トム、幼くして死去）

○母方［ボルグストロム家とマクドゥーガル家］

曾祖父母
エミール・ボルグストロム
コンスタンス・パターソン（〝ラリー〟）

祖父母
シルヴィア・ボルグストロム
ハーバート・マクドゥーガル（離婚後、シスリーと再婚）

母とその妹
ナディーン・マクドゥーガル、ロシア公アンドレイ・アレクサンドロヴィッチ・ロマノフの妻
パメラ・マクドゥーガル、第四代ソンズ伯爵夫人
フローラ・マクドゥーガル、ジャック・カクリーと結婚後に離婚

オリガ・ロマノフ

わたしはプリンセス

この本はニックとフラン、そして小さなポギーに捧げます。
中でもポギーは、すばらしいサポート役であり、
わたしの力となってくれました。
みんなわたしを笑わせて、容赦なくからかいます！

第一章

ロマノフの遺産

父とわたしほど、育った環境が異なる親子はいないだろう。わたしが自然豊かなイギリス、ケント州で生まれ育ったのに対し、父は青年期までを帝政ロシアで過ごした。

わたしの父、アンドレイ・アレクサンドロヴィチ・ロマノフは、処刑されたロシア皇帝ニコライ二世の最年長の甥だ。わたしの出生証明書は父親の職業欄に〝ロシア公〟と記されている。母のナディーン・マクドゥーガルは父の二番目の妻で、製粉会社を営む裕福なマクドゥーガル家の出だった。

わたしの幼少時代はテレビドラマ『五月の美しいつぼみ《ザ・ダーリン・バッズ・オブ・メイ》』と『ダウントン・アビー』を掛け合わせたようなものと言おうか。思い返してみると、本当にのどかな生活だった。

わたしは一九五〇年四月八日に誕生し、ケント州ファヴァシャム近隣にあるプロヴェンダー・ハウスで育った。この屋敷は長い歴史を持ち、その一部は十三世紀までさかのぼる。母方の親族、ボルグストロム家およびマクドゥーガル家は、この屋敷に暮らして百年以上になり、母のナディーンが二〇〇〇年に死去すると、わたしがここを受け継いだ。

わたしの最初の記憶は、当時はまだ美しかったここの庭園で敷物の上にちょこんと座り、ヒナギクを取ろうと身を乗りだす光景だ。わたしが花を摘むのを見て、そばにいた父が「はいはいしてここまでおいで」と、手を叩いていた姿を覚えている。きっと生後六カ月ほどのことだろう。

屋敷の前にある遊牧場は三つに区切られ、きちんと手入れされていた。ガチョウにロバ、ほかにもさまざまな生きものを飼っており、わたしは動物たちに囲まれて育った。そのせいで、いまだに人間よりも動物の相手をするほうが楽だ!

＊＊＊

ロシアでの父の暮らしは、言うまでもなくまったく異なっていた。父は宮殿で生まれ育った。イングランドに居を定めたのは、ボリシェヴィキ［のちのソヴィエト連邦共産党］の銃殺隊から逃れたあとのことだ。幸運にも、父とその家族は、全員が生きてロシアを脱出することができた。

わたしの父方の祖父は、ロシア大公アレクサンドル・ミハイロヴィチで、「サンドロ」と呼ばれていた。祖母のロシア大公女クセニア・アレクサンドロヴナは、ロシア皇帝アレクサンドル三世と、デンマーク生まれで結婚後マリア・フョードロヴナと名を改めた、ダウマーの娘であった。アレクサンドル三世とダウマーは六人の子どもに恵まれている。のちのニコライ二世、夭逝した次男のアレクサンドル、一八九九年に結核で死去したゲオルギー、わたしの祖母クセニア、そしてミハイルとオリガ。祖父のサンドロはニコライ一世の孫に、祖母のクセニアのほうはひ孫に当たる。祖父はクリミアを脱出してフランスに落ち着くと、『ロシア大公の思い出』、『永遠のロシア大公』という二冊の回想録を執筆し、成功を収めた。

祖父母のクセニアとサンドロは一八九四年に結婚した。クセニアのおばで、のちにイギリス王妃となるアレクサンドラ皇太子妃が式に参列するためサンクトペテルブルクを訪れ、ヴィクトリア女王からも祝いの品を贈られている。ゲスト全員に新婚夫妻のイニシャル入りの小さな巾着袋が配られ、中にはアーモンド菓子が入っていた。その年の終わりにアレクサンドル三世が崩御し、クセニアの兄ニコライが皇位を継承する。恐ろしい運命が〝ニッキー〟とその家族を待ち受けていることとはつゆ知らず。

祖母は三十歳になる前に子どもを七人、次々と出産した。当時としては非常に珍しいことに、祖父はすべてのお産に立ち会っている。祖父は偉大な人物で、先進的な考えの持ち主だった。革命後はソ連政府でさえ、祖父を高く評価していたと言われている。祖父はロシア帝国空軍を創設し、海軍元帥と商船船団の指揮官を務め、パリでパイロットのクラブまで主宰していた。時代の先を行くことがらすべてに、積極的に関わっていたのだ。

祖父母の第一子イリーナ、わたしのティティおばは美女の誉れ高く、十八歳でフェリックス・ユスーポフ公と結婚した――のちにラスプーチンを殺害することになる男性だ。祖母は十八カ月から二十カ月おきに子どもを産み落とし続けた。ほかはすべて男児で、わたしの父アンドレイを頭に、フョードル、ニキータ、ドミトリー、ロスチスラフ、ヴァシーリーと続く。祖母にとって出産は楽な仕事で、豆のさやを剥くようなものだった。

続々と生まれる健康な男児たちに、祖母の兄嫁は心をかき乱された。ニコライ二世妃、アレクサンドラ皇后は、一八九五年から一九〇一年にかけて四人の子どもを出産したが、全員が女児で、皇位継承者にはなれなかったからだ。一九〇四年にようやく生まれた男児アレクセイは、血友病を患っていることが判明する。血が固まりにくいこの病気は、いつ何時悪化するかわからず、皇太子の病は極秘にされる。

わたしの父は、サンクトペテルブルクの冬宮殿で一八九七年に誕生した。誕生を記念して、二十一発の祝砲を鳴らされているのは、きょうだいの中で父だけだ。本来はロシア皇帝に男児が誕生したときにのみ、二十一発の祝砲が鳴らされるが、祖母の母マリア・フョードロヴナ皇太后は、初めて男児の孫が生まれたことを祝って、皇帝の子息と同じ数の砲声を轟かせるよう希望した。

父は出産予定時期を過ぎてもなかなか生まれず、祖母は兄のニコライ二世にこうからかわれている。「象みたいにこのまま二十二カ月もお腹の中にいるのではないか？」父は一月二十五日に生まれた——これはグレゴリオ暦の一月二十五日で、当時まだロシアで使用されていたユリウス暦ではない。祖母が急に産気づいたため、冬宮殿内の一室での出産となった。かつてはニコライ二世の音楽室だった、天井が八角形の部屋だ。今では冬宮殿が展覧会場に使用されるときなどに、この部屋も一般に開放されている。

部屋の窓ガラスはペアガラスを先取りしたもので、二重構造になっていた。祖父のサンドロは長男の誕生日と名前を、内側のガラスにエッチング・ペンで刻んだ。

祖母は二十歳から三十歳までのあいだに七人の子どもを産んだのだから、たいしたものだ。七番目の子どもの誕生後、祖父は情事を楽しむようになり、祖母にも愛人ができたため、二人は互いに不倫を容認することで合意する。子どもさえ作れば、あとはこうする慣習が貴族の一部にあった。実際、革命の前には、祖父母はある夫妻とそれぞれ愛人関係にあり、祖父とその愛人はオープンカーの前の座席に、彼女の夫と祖母は後部座席に乗って、南フランスを一緒にドライブしている。

祖母が愛人を作ること自体には、なんら問題はなかった。ただし、詐欺罪で獄中にいたことがある者の場合は別だ。今時、刑務所に入ったことがあろうと騒がれもしないが、当時は違う。前科者を愛人にするなどもってのほか！

父とその弟たちは、三歳前後までドレスを着せられた。写真で見ると、誰が誰かを区別するのは容易ではない。男児も女児もドレスを着て同じ格好をすることもまた、貴族の慣習だった。最初の数年、男の子たちは英国人の乳母の手で大切に育てられるが、そのあとは子ども部屋からの巣立ちが待っている。セーラー服に着替えて、規律正しい生活に少しずつ慣れてゆくのだ。最終的には少々厳しい目にも遭い、やがて冷え切った大部屋で眠るようになる。ずいぶん極端な育て方ながら、こうして心身を鍛錬し、いずれは陸軍や海軍へ入隊する。これが皇室での男児の育児法だった。父は学校へは行かず、宮殿内で家庭教師たちから教育を受けた。

父はいとこたちと年齢が近く、みんなで一緒に遊んだものだった。おじであるニコライ二世の子どもたち、オリガにタチアナ、マリア、アナスタシアそれにアレクセイに関しては、さまざまな書物が出ている。殺害され、その後殉教者に列せられたからだ。しかし、父に言わせると、彼らは本当に普通の子どもたちで、たまたま皇帝を父親に持っただけだった。

彼らは父とその弟たちと一緒に冬宮殿の広々とした廊下でかけっこをし、自転車やポニーに乗り、ローラースケートや木登りをし、世の普通のいとこ同士がするようなことをして遊んだ。きっとアナスタシアたちは、いとこの男の子たち相手にキスの練習をしたことだろう。当時の子どもたちはそうやって大人になったのだから。みんな普通の幸せな子どもたちだったが、もちろん常時、護衛に見守られていた——現在、イギリス王室のジョージ王子とシャーロット王女が近衛兵に守られているように。ただし、ロシアではコサック兵が皇族を守る。アナスタシアたちが抱えていた数々の問題の一つは、母親が病弱で、それを利用して子どもたちを束縛したことだろう。子どもたちは母親のいないところでは普通そのものであったのに、アレクサンドラ・フョードロヴナ皇后は引きこもりがちになり、自分の病を理由に子どもたちが自由に遊ぶのを禁じることがしばしばあった。

それから何十年も経ったあと、わたしも自分の母から同じような束縛を受けて育った。母は心臓が悪いと言っては寝室にこもり、精神的にわたしを抑えつけた。それでも、母はすばらしい女性で、わたしの友人たちからは〝ナディーンおばさん〟と呼ばれて慕われた。みんな母とおしゃべりをしたがったものだが、母自身はとても気むずかしいところがあった。

アレクサンドラ・フョードロヴナ皇后も、自分の子どもたちを支配していたのだろう。彼女は夫のニコライ二世をも抑えつけていた。なぜかロマノフ家の男性は気の強い女性を娶《めと》る傾向があり、妻の尻に敷かれることが多い。理由は神のみぞ知るだ！　ニコライ二世は魅力溢れる人柄で、わたしの父は彼を心から敬慕していた。甥の中では最年長だったため、皇帝は父に連隊旗を持たせて、軍事演習に同行させた。

第一次世界大戦勃発時には、父は近衛騎兵連隊に所属していた。さて、ロマノフ家の男子は一定の年齢に達すると、高級娼婦のもとへ――単なる売春婦ではない――送られて、性愛について学ぶのがならわしだった。性行為は絵画や音楽と同じく芸術であり、へまをするのはなげかわしいことであった。いよいよ地元の高級娼婦のもとへ送られることになったとき、父は行くのを拒絶した。父は最初の妻となるエルサに夢中で、彼女を裏切ることはできなかったのだ。

エルサと出会ったとき、父は十八歳か、それよりも若かったのかもしれない。彼女の父親はイタリアのサッソ＝ルッフォ家の出で、母親はロシアのメシチェルスキー家の出だった。エルサは父より十歳年上だが、問題は彼女が父の指揮官の妻で、すでに子どもが二人いたことだった。携帯電話が登場するはるか以前のことゆえ、父は軍事演習に出かけるたびに彼女と落ち合った。二人は長いこと密会を重ね、やがて父は中尉に昇進する。しかし時代は不穏さを増しており、軍の礼装である白い夜会服《メス・ドレス》は支給されないままとなった。それから半年後、革命の火蓋が切られた。

＊＊＊

一九一六年の終わり、革命が起きる数カ月前のこと、ティティおばの夫、フェリックス・ユスーポフ公は、グリゴリー・ラスプーチン殺害に関わることとなる。シベリアから来た〝怪僧〟と呼ばれるこの男は、皇太子アレクセイの病症を緩和できるただ一人の者として、皇帝夫妻の信頼を勝ち取る一方、大勢から忌み嫌われ、その影響力を疎まれた。

父はラスプーチンに強い好感を持っていた。あの男は宗教家などではなかったよ、と父は話したものだ。風呂には入らないし、酒好きで女好き、それに長髪――もっとも、一九六〇年代には、わたしの知り合いにもそんな男性は大勢いた。父は、ラスプーチンは善人で、いつの日にか真実が明らかになると言っていた。実際に、ラスプーチンは手を当てるだけで体を癒やす力を持っていたようだ。彼の父親にも不思議な力があり、負傷した馬に手を触れると、傷が治ったという。皇帝夫妻は、そんな噂からラスプーチンのことを知ったのだった。

バイセクシャルであったユスーポフ公は、愛人のドミトリー大公と二人でラスプーチンを殺害したと思い込んでいた。ユスーポフ公は、あとで若い娘たちが来るからと、ラスプーチンを自邸の地下に言葉巧みに招き入れた――ラスプーチンが女性に囲まれるのが好きなのは周知の事実だ。ユスーポフ公たちは医者に命じてケーキとワインに毒を盛らせたが、ラスプーチンがそれらを飲食しても何も起きず、ついには立ちあがって歩きはじめたため、ユスーポフ公が彼に向けて発砲。それでもラスプーチンは死なずに外へ出てゆき、ユスーポフ公たちはさらに銃で撃っている。

ユスーポフ公とドミトリーはこれで重傷を負わせたものと考え、ネヴァ川にラスプーチンを沈めて溺死させることにした。簀《す》巻きにして川へ投げ捨て、これで殺害成功、自分たちの仕事は終了したと思った。

ところが、のちに調査書が公開されると、医者はケーキに毒を混入するのを拒んだらしいと判明した。ケーキを食べたあともラスプーチンが室内を歩き回っていたのはそのためだろう。また、イギリス秘密情報部の工作員、オズワルド・レイナーの関与を示唆する証拠があり、ラスプーチンは川へ投げ込まれる前にレイナーに射殺されていたようだ。レイナーはユスーポフ公がオックスフォード大学に留学していた頃からの友人だ。イギリス政府は、ラスプーチンが橋渡しをして、敵国ドイツとニコライ二世が和平交渉を進めるのを警戒し、長らく監視していたのだった。

しかしながら、ユスーポフ公は持論を貫き、ラスプーチンを殺したのは自分だと最後まで言い続け、回想録まで発表している。わたしの父は激昂し、彼がラスプーチン殺害に及んだことを決して許さなかった。現場となった地下室は当時のまま残され、中にはユスーポフ公とラスプーチンの薄気味悪い蝋人形が展示されている！

死の数日前、ラスプーチンはニコライ二世宛に手紙を残したと言われている。そこにはこう書かれていた。「わたしに死をもたらす者があなたの親族であったら、あなたの子どもも親族も誰一人、二年以上生きながらえることはないでしょう。彼らはロシアの民に殺されるのです……」

これはラスプーチンの秘書による作り話だと判明したものの、不吉な予言は現実となった。

＊＊＊

一九一七年二月、革命が勃発する。首都で食糧不足を訴えるデモが起きたのを皮切りに、何万もの労働者たちが赤い横断幕を手に大通りを行進し、「専制打倒」、「戦争反対」を叫んだ。このとき、対ドイツ戦においてみずから最高司令官となっていたニコライ二世は、首都から遠く離れた総司令部にいた。主に皇后が指名した内閣は国民の評判が悪く（なにせ皇后自身がラスプーチンに動かされていたのだ）、ニコライ二世は国会《ドゥーマ》に受け入れられる内閣を任命しようと、急遽、列車で首都へ向かう。しかし、皇帝はどれほど深刻な状況に陥っているかに気づかず、譲位をうながす周囲の声には耳を貸さなかった。

デモ隊の鎮圧に向かった将兵たちも、しまいには労働者側に味方し、暴動は手に負えない状態へとエスカレートする。ニコライ二世が首都へ戻ろうとしたときにはすでに遅かったのだ。帝政は崩壊し、首都へ戻る途中の駅が占拠されたため、皇帝は総司令部があるプスコフへ引き返すことを余儀なくされる。

一方、皇帝のいとこ、ロシア大公キリルは、いち早くドゥーマへの忠誠を誓っていた。父の話によると、麾下《きか》の親衛連隊を引き連れて現れたキリルは、その軍服に革命を支持する赤色のリボンをつけていたそうだ！　そして自分の宮殿に戻るや、屋根の上に赤旗を掲げた。キリルは帝政支持を意味する白から、革命派の赤へと、まさに「豹変した」と父は言っていた。彼はロマノフ一族の中で、皇帝への忠誠の誓いを破った最初の者となる。ニコライ二世のいとこでありながら！

その頃、皇帝は受け入れ可能な内閣をあらたに編成することにようやく同意するものの、できたばかりの臨時政府は、ニコライ二世の息子アレクセイへの譲位をすでに決定していた。一九一七年三月二日、皇帝は寝泊まりしていた列車の中で、退位詔書に署名する。

当初は十三歳のアレクセイを後継者とし、成人するまでは皇帝の弟であるロシア大公ミハイルを摂政とする予定だったが、それではニコライ二世一家の亡命後、アレクセイはただ一人ロシアに残されてしまう。息子を置き去りにはできないと、ニコライ二世はミハイル大公への譲位へと決意をひるがえした。

翌日、ミハイル大公は、反君主勢力が勢いを増していることを臨時政府から伝えられる。身の安全を保証することはできないと言われ、ミハイル大公は民選議会によって要求されるのでなければ応じることはできないと、皇位の受諾を拒否。それがロマノフ王朝の終焉となり、ニコライ二世は拘束されて、ツァールスコエ・セローのアレクサンドル宮殿へと連行された。

＊＊＊

イギリス国王ジョージ五世は、ニコライ二世とわたしの祖母クセニアのいとこに当たる。みんな子どもの頃からとても親しい仲だったが、ニコライ二世の退位に際して、イギリス側は皇帝一家の受け入れを拒絶した。わたしの父は、首相だったロイド・ジョージが首を縦に振らなかったのだと生涯彼を責めていた。どうやらことの真相はその通りだったらしく、ジョージ五世は、本心では皇帝一家をイギリスに亡命させたいと考えていたらしい。

少し前、わたしはウィンザー王家を取りあげたテレビドキュメンタリーで、インタビューを受けている最中に泣きだすという大失態を演じてしまった。放送の四日ほどあと、一人の男性から電話があり、こう告げられた。「テレビ番組であなたの涙を見て心を揺さぶられました。ですが、ジョージ五世があなたの祖母をロシアから救出しようとしなかったなどとは思わないでください。事実はそうではないのですから」。彼が話しているのは革命直後のことで、わたしの祖母クセニアはすべての車両を臨時政府に接収され、当時ペトログラードと改名されていた首都から身動きできなくなっていた。

男性は話を続けた。「わたしはこの話は事実だと知っています。あなたの祖母を脱出させるため、イギリスから送られた将校はわたしの祖父だったのです。祖父は凍てつく宮殿からクセニア大公女と幾人かのお子様たちを橇で運びだし、ほかの家族と合流できるよう、クリミア行きの列車に乗せました」

男性の祖父はハイランド軽歩兵連隊所属の若き将校だった。彼はロシア大公女クセニア救出の命を受けるや、迅速に行動に移し、一九一七年の三月末には彼女を列車に乗せてクリミアまで護送した。

ニコライ二世はその家族とともにアレクサンドル宮殿に幽閉されており、助けだすことはかなわなかった。だが、ジョージ五世のおかげで、クセニアは当時まだ比較的安全だったクリミアへ逃げのび、ほかの家族と落ち合うことができたのだった。

これは極秘任務であったため、将校の妻でさえ知らされていなかった。任務完了後、イギリスへ戻ってきた将校が、自分が救出してきた女性の名前を教えると、妻はすっかりへそを曲げてしまう。クセニアの美貌は有名で、男性ならば誰もがひと目で心を奪われると言われていたからだ。

将校がロンドンへ帰還すると、ロイド・ジョージは怒りに震えた。首相自身は内心では王室や皇室、帝政を支持してはおらず、ロマノフ一族がイギリスに亡命してくることには断固として反対の立場だった。もっとも、ジョージ五世はのちに将校の働きを称えて、軍服としてキルトをはいたときに携えられるよう、儀式用の短剣を贈呈している。

男性の祖父によると、当時、イギリスの情報機関内にボリシェヴィキ側の二重スパイが潜り込んでいる可能性があったため、秘密を保全するには文書であればなんであれ、暗号化する必要があった。

　王室の公文書の中には、ジョージ五世がロイド・ジョージに宛てた書簡が現存しており、ロシア皇帝一家のイギリスへの亡命は禁じると記されている。わたしが出演したテレビ番組でも、その内容が紹介された。電話をしてきた男性は、最初、国王は亡命を許可したものの、スパイの存在を恐れる首相に説得されて、許可を取り消す文書を作成しなければならなかったのだと説明した。国王とその家族はきわめて困難な立場にあったのだ。

　ロシア革命は第一次世界大戦の末期と重なり、ジョージ五世は国民に愛される王室になるべく模索している最中で、王朝名をドイツ系のサックス＝コーバーグ＝ゴータから、もっと英国らしい響きのウィンザー家に変えている。イギリス国内では反ドイツ感情が高まっており、店の窓ガラスが割られたり、街中でダックスフントが石を投げつけられたりする事件が発生していた。問題は、ニコライ二世の妻アレクサンドラは、ヴィクトリア女王の孫娘ではあるけれど、ヘッセン大公の娘、すなわちドイツ人であり、イギリス国民はドイツ女が自分たちの国へ来ることをいやがったことだ。とにかく、わたしは家族からそう聞かされていた。それに、ロマノフ一族に押しよせてこられては迷惑だったのだろう。なにせ膨大な数がいたのだから。

　救出される見込みのないまま、皇帝一家は一九一七年の夏にシベリアのトボリスクへ移送される。もちろん、誰もが彼らの脱出を待ち望んでいた。だから、その年の終わりに、皇后アレクサンドラの姉、ミルフォード＝ヘイヴン侯爵夫人ことヴィクトリア宛に「タチアナがやってきました！」と、エディンバラから電報が届いたときは、大きな歓喜の声があがった。皇帝の娘タチアナが逃げてきたのだと思ったのだ。しかし、その電報は、ヴィクトリアの息子夫妻が、娘の誕生を知らせたものだと判明した。

＊＊＊

一九一七年十月、レーニンの台頭は皇帝一家にとって死の宣告となった。翌年、一家はエカテリンブルクでボリシェヴィキにより殺害される。一九一八年七月に何が起きたのかは、一般に知られていること以上はわたしも知らない。父も、知りようはなかった。死刑を実行した者たちを除けば、はっきりとしたことは誰にもわからないのだろう。

皇帝一家が殺害されたとき、わたしの父と祖母、それに曾祖母のダウマーは、全員がエカテリンブルクから遠く離れたヤルタにいた。エカテリンブルクはシベリアの手前、ウラル山脈のふもとにあり、そこから皇帝一家殺害の知らせがヤルタに届くまでは数週間を要した。実際に何が起きたのかは、これからもわからないのではないだろうか。しかし、彼らが殺害されたことははっきりしている。わたしの曾祖母はこの残虐行為が実際に起きたことを決して認めようとしなかった。このことは絶対に口にせず、その話が出たとしても、ロシアの民が皇帝であった自分の息子を殺すはずはないと一蹴した。ほかにも多くのロシア大公が殺害されたが、彼らの運命についてはほとんど語られず、ごく最近までロシアでも何も知られていなかった。父のおじであり、ニコライ二世の弟だったミハイル大公は、一九一八年にペルミで銃殺された。祖父方では、父のおじ、ロシア大公セルゲイ・ミハイロヴィチが同じ頃、ウラル山脈のアラパエフスクで殺害されている。彼の遺体はほかの皇族たちのものと一緒に坑道へ放り捨てられていた。一九一九年の頭に、父はさらにおじ二人を銃殺隊に射殺された。

＊＊＊

一方、その頃父の家族と一部の皇族は、クリミアで八カ月にわたる自宅軟禁下にあった。そのあいだ彼らがしばらく滞在していたのが、わたしの祖父の自邸、アイ・トドールだった。わたしも知らなかったのだが、父は軟禁されるまで何度か身分を隠してクリミアを抜けだし、首都ペトログラードへ宮殿の様子をうかがいに行っていた。フェリックス・ユスーポフ公も、自分の宮殿まで戻っては、いずれ取り返す機会があるだろうと考えて、宝石や美術品を隠した。ユスーポフ公は顔が知られていたので、父は彼と別行動を取った。父のほうは、気づく者は誰もいなかったようだ。

軟禁下にあるあいだ、わたしの曾祖母、ダウマーことマリア・フョードロヴナ皇太后は、日記を書き続けた。何年も習慣になっていたもので、その中にはこんな出来事も記されている。ある夜突然、アイ・トドールの曾祖母の寝室にボリシェヴィキがずかずかと入ってきて、ベッドから出るよう告げた。彼らは新しい臨時政府の将校で、曾祖母が秘密の文書を隠し持っていると考え、部屋を調べに来ていた。

曾祖母はそのときの様子を事細かく書き残している。彼らの態度は無礼極まりなく、中でも女性の一人はひどいものだった。曾祖母は、考えうる限り最悪の女、と呼んでいる。その女は書類を見つけるためにベッドのマットレスまで引き裂いた。書き物机の引き出しも調べられ、さまざまな書類やそれまで書きためていた日記も没収されてしまう。けれども、宝石箱は無事だった。ボリシェヴィキが踏み込んできたとき、曾祖母は椅子の上にスカートを広げて座り、尻の下に隠したのだ。おかげで宝石箱が発見されることはなかった。

一九一八年が始まると、父や曾祖母たちはヂュルベールの宮殿に移され、ボリシェヴィキによっていつ処刑されてもおかしくない状況となる。銃殺隊の手から逃れることができたのは、ドイツ軍がクリミアへ侵攻し、その地域を制圧したからだ。それがなければ、全員がそこで命を奪われていただろう。

一九一九年四月、ジョージ五世は戦艦マールバラをクリミアへ向かわせ、わたしの祖母のクセニア、曾祖母のダウマー、それにおじたちとティティおばを救出した。その地域がボリシェヴィキに奪還される寸前の脱出劇だった。

自宅軟禁中、ザドロジヌイという男が皇族一家の身柄を預かっていた。ボリシェヴィキが一家を射殺しようとやってくるたびに、ザドロジヌイはその日は都合が悪いと言い訳を作って、追い返してくれた。それから何年も経ったあと、わたしの父は国際美食団体、ラ・シェーヌ・デ・ロティスール協会の会長に就任した。そのメンバーの一人がユダヤ人で、ユダヤ人のあいだでは、ザドロジヌイはロシア皇族を救った英雄としてよく知られていると話したそうだ。

祖父のサンドロとわたしの父、それにエルサは、ほかの家族よりも先に軍艦フォーサイスでヤルタを脱出していた。資料によって食い違うが、いずれかの時点でエルサは前夫と死別するか離婚するかしたらしく、一九一八年の十一月にはわたしの父との子どもを身ごもり、五カ月になるところだった。二人はアイ・トドールの礼拝堂で結婚式を挙げている。とてもロマンティックな話ではあるけれど、わたしの曾祖母ダウマーは式への参列を拒んだ。翌月、父とエルサはサンドロとともに、ロシア白軍への支援を求めて船でフランスへ向かった。現代のわたしたちが知っている通り、それは徒労に終わる。

一族の者たちはロマノフ王朝がすでに終わりを告げたことを認識していなかった。わたしの父は、亡命はあくまでも一時的なもので、いずれはロシアへ戻れると本気で信じていたのだ。時が経過するにしたがって、わたしの曾祖母に祖母、そしてほかの者たちも、状況は考えていた以上に絶望的だと認めざるをえなくなった。祖母の妹、ロシア大公女オリガ・アレクサンドロヴナは、革命直前に一兵士と貴賤結婚をしており、皆とは別のルートでロシアを脱出した。結婚後の名前はクリコフスキーだったため、ボリシェヴィキは彼女をロマノフ一族とは見なさず、暗殺リストから除外していた。夫の姓のユスーポフを名乗っていたティティおばも、同様に暗殺リストからはずされた。しかし、大公や大公女は捕らえられれば即処刑となる。祖母の妹のオリガは風景画や人物画を描くのを好み、クリコフスキー大佐とのあいだに二人の息子をもうけ、一九六〇年にカナダで死去した。わたしはオリガのひ孫とロシアで何度か会っており、わたしの息子のフランは、彼と頻繁に連絡を取り合っている。

＊　＊　＊

革命後、わたしの祖父のサンドロがイギリスへ来ることは一度もなかった。前述したように、イギリス政府はロシア大公がぞろぞろと亡命してくることは求めていなかったし、その頃には、わたしの祖父母は円満に別れていた。法的にではなく、お互いに愛人がいて、合意に至ったのだ。祖父のサンドロは、ニコライ二世をはじめとするロシア皇族に対するイギリスの態度に強い怒りを覚えていた。祖父は皇帝の近しい補佐役で、革命が起きるすぐ前にも、「あなたは大きな間違いを犯されています……」と書簡を送っていた。しかし、ニコライ二世は聞く耳を持たなかった。

多くの言語を話すサンドロは喜んでフランスにとどまり、それでことは丸く収まった。それでも、彼が病気になると、クセニアは見舞いに訪れた。サンドロは脊髄腫瘍を患い、亡くなるまでのあいだ、クセニアは南フランスに滞在して彼とともに過ごしている。二人は親しい関係のままだったのだろう。祖父母は南フランスの入り江を見渡すロクブリュヌ墓地にともに眠っている。わたしは行ったことはないが、その墓地の一角にはたくさんのロシア人が埋葬されている。ミモザの木立に囲まれた、緑溢れる美しい墓地だという。

＊＊＊

フランスに到着したとき、わたしの父は二十一歳だった。それからすぐに、わたしの異母姉クセニアがパリで誕生する。父は齢《よわい》二十五のときには、三人の子どもの父親になっていた。クセニアにミハイル、アンドレイ。この三人はみんな歳が近く、その後父は二番目の妻とのあいだに五十四歳でわたしをもうけた。

戦艦マールバラと軍艦フォーサイスに乗船して、かなりの数のお付きの者たちがロシアを脱出していたため、乳母のなり手には事欠かなかった。子どもたちの世話は乳母たちに任せて、父はエルサを連れてパーティーや大使館での催しへ出かけた。二人は社交にいそしみ、当時、上流階級に属する家族はみなそうであったように、子どもたちと過ごすことはあまりなかった。それでも、とても幸せな夫婦生活を送っていた。

二人はしばらくパリに滞在した。ロシア公《プリンス》といえども、生計を立てる必要はある。幸い、父は優れた美的センスを持っており、オリジナルデザインのハンドバッグやスカーフ、アクセサリーを扱う店を開いた。インペリアル・エッグで有名なファベルジェの宝飾品とはもちろん比べるべくもないが、ラピスラズリや半貴石で彩られたアクセサリーはかなり豪華なものだ。父のデザイン帳は今もわたしの手もとに残っている。

開店当時は大成功を収め、店はかなりの収益をあげて、すべて順調に行っていた。ところが共同経営者に売上金を持ち逃げされてしまい、父は長男ミハイルの誕生に合わせてイギリスへ渡ることになる。

ロンドンでふたたび店を開くが、長くは続かなかったようだ。またも共同経営者に利益を持ち逃げされ、同じ結果となったのだろう。父には金のことなどわかるはずもなかった。なにしろ持ち歩いたことがないのだから。ロシアにいた頃は、支払いなどはまわりの従者たちの仕事だった。

＊＊＊

ジョージ五世は、わたしの祖母のクセニアのことは手厚く待遇してくれた。国王がクセニアと親しくつきあうのを、メアリー王妃は快く思っていなかったようだ。ひょっとすると嫉妬心もあったのだろうか。ジョージ五世とクセニアはいとこ同士で、幼い頃からの仲だ。大勢いるいとこたちの中でも、クセニアは国王のお気に入りだった。

わたしの父はメアリー王妃に畏敬の念を抱いていた。彼女にあこがれていたのではないかと、わたしは思っている。王妃は戦時中、被災地や工場に足を運んだりと、国民のために尽くした。国王夫妻は勇気を示した――ロンドンから避難することなくバッキンガム宮殿に残ったのだ。

ところで、メアリー王妃には、とある悪い癖があった。たとえば晩餐に招かれた先で優美な曲線を描くシェラトン様式の椅子に座ると、「わたくし、この椅子がたいそう気に入りましたわ」と、食事の最中にひとこと言うのだ。なにせ相手は王妃だ。そう言われると、もてなしている側はテーブルを囲んでいる十二脚の椅子をすべてプレゼントしなければならなくなる。またはティーパーティーに来て、「なんと美しい水差しですこと！　わが家にも似たものが一つありますが、ペアにするのにちょうどいいですわね……」と言う。屋敷の主はなんとか話をはぐらかすものの、夕方の七時を回っても王妃に居座られ、水差しを差しあげて帰ってもらうはめになる。

そのうちみんな警戒するようになり、王妃を招くときには、一番いい家具や食器は屋根裏にしまい、二番目にいいものを出すようになった。メアリー王妃のおねだり癖は有名だ。ある日、王妃は手に入れたばかりの淡い翡翠《ひすい》色の小箱をわたしの祖母のクセニアに見せた。小箱はファベルジェの作品で、蓋にはダイヤモンドとエメラルドで皇帝の冠とイニシャルが描かれていた。「どなたのイニシャルなのか、ぜひ知りたいものですわ」と王妃に言われ、クセニアは美しく絡み合うKとAのアルファベットを見おろし、こう教えた。「それはわたくしのイニシャルですわね」

噂によると、バッキンガム宮殿内には一般公開されていない部屋があり、そこはかつてメアリー王妃の部屋だったという。室内には王妃が滞在したり訪れたりした屋敷から「いただいた」品々が所狭しと詰め込まれている。もとの所有者に返却しようにも、全員がすでに亡くなっているため、処分のしようがないらしい。

第二次世界大戦中、メアリー王妃は総勢六十人のお付きの者を引き連れて、イギリス南部バドミントンに住む、姪のボーフォート公爵夫人のもとへ疎開した。地所内では乳牛や家畜を飼育していて、食糧に困ることはなかったが、それにしても王妃は滞在中、一ペニーたりとも自分たちの食費を支払うことはなかったそうだ。

父とエルサはイギリスに渡ったあとは、この国を離れることはなかった。ジョージ五世はわたしの祖母のクセニアに住まいを与え、父とエルサもそこに落ち着いた。ウィンザー城にほど近い場所にある、フロッグモア・コテージというかなり大きな屋敷だ。

下の異母兄アンドレイは、『皇帝になれなかった少年』という本を著している。その中にはこんなエピソードが載っている。あるイースターの日、フォートナム&メイソンとハロッズから、巨大なチョコレート・エッグが届けられた。本当に見事なイースター・エッグで、アンドレイは姉と兄と一緒に、すぐさまたいらげてしまった。ところがそのあと、ドアを慌ててノックする音が響いた。「間違えて、こちらにイースター・エッグが届いていないでしょうか。ウィンザー城にいらっしゃるエリザベス王女様とマーガレット王女様へのお届け物だったのですが」。ドアを開けた召使いは、正直に答えるしかなかった。「大変申し訳ありませんが、こちらのお子様方がすっかり食べてしまったあとでございます」

第二次世界大戦が始まる直前に、わたしの祖母はハンプトン・コート宮殿の敷地内にあるウィルダネス・ハウスへと移り、父とエルサもそこへ越した。

一九四〇年十月二十九日、ロンドン大空襲のさなかの爆撃で、屋敷の窓が砕け散った。直腸癌に侵されていたエルサは、その夜、息を引き取る。五十一歳という若さだった。葬儀はウィルダネス・ハウスの礼拝堂で執り行われ、彼女はオールド・ウィンザー墓地に埋葬された。

第二次世界大戦中、わたしの異母兄たちは海軍に入隊し、たくさんの戦闘を経験した。上の兄ミハイルは将校で、とある有名な航空母艦で航空整備士をしていた。次兄のアンドレイは下士官で、理由は不明だが、将校にあがることはなかった。おそらく、なる気がなかったのだろう。軍人学校へ入ったのはわかっている。わたしが見つけた彼の手紙にはそう書かれていたのだから。それでも、下士官暮らしを大いに楽しんだようだ。海軍基地があったスコットランドのスキャパ・フロウやその他の場所で軍務に就いたあと、どこかの時点で軍艦に乗り込んでいる。

兄弟は別々の軍艦に乗船していたが、たまたま同時期に香港へ入港したことがあり、将校だった兄のミハイルは、三年ぶりに会った弟を将校クラブへと連れていく。ところが、それが大騒ぎを引き起こした。譴責《けんせき》の声が四方八方から飛んできて、二人は外へ追いだされてしまう。いくら実の弟とはいえ、下士官ふぜいを連れてくるのはタブーだったのだ。ここは将校クラブだぞ！

終戦時、ミハイルはオーストラリアで召集解除となった。彼はそのままかの地に永住し、三度結婚する――妻のうち二人はオーストラリア人、一人はイタリア系オーストラリア人だ。兄はときおり海外へも足を延ばしていたが、二〇〇八年にシドニーで永眠した。次兄のアンドレイは若くしてアメリカに移住している。彼の著書の背表紙には、一九四九年二月四日付の電報の写真があしらわれており、父と二番目の妻となるわたしの母から、彼の幸運を祈る言葉が記されている。次兄は何度かイギリスに戻ったものの、定住することはなかった。アンドレイも三度結婚し、わたしの異母きょうだいの中でただ一人、子どもを持った。最初の妻はロシア人で、彼女と別れたあとに再婚したアメリカ人女性とは死別し、その後、三度目の結婚をした。現在は九十五歳で、カリフォルニアで暮らしている。

異母姉クセニアのあだ名は「ムィシ」だ。ロシア語でネズミを意味し、生まれたときにネズミに似ていたからだそうだ。彼女が生まれたとき、父はまだ二十二歳で、よく歳の離れたきょうだいと間違われた。姉は髪が漆黒で、ゴロワーズやディスク・ブルーといったフランスのタバコを好み、声にも異国の響きがあった。

姉は幼い頃、戦艦マールバラで一緒にやってきたわたしの祖母付きの召使いたちからひどいいじめを受けた。わたしの父がエルサと結婚したのは、姉を身ごもったせいだというのが彼らの弁だ。召使いたちはとことん意地が悪く、陰湿ないやがらせを受けたと姉が話していたのを覚えている。

姉よりずっと若いマーガレット王女からも、パーティーで一緒になると意地悪をされたらしい。

姉はロンドンのグレート・オーモンド・ストリート病院で看護師として働き、小遣い稼ぎのために、エリザベス・アーデンでモデルの仕事もしていた。当時、この化粧品会社はファッション事業も展開していた。姉はモデルとしてスカウトされ、彼女の写真は『タトラー』などのファッション雑誌を飾った。姉にはモデルの才能があったのだ。

わたしが生まれたときには、姉はすでに結婚していた。普段はとても優しい女性なのだが、わたしの母とは馬が合わなかったようだ。姉の最初の夫はサウスカロライナ州出身のアメリカ海兵隊員、カルフーン・アンクラムで、この結婚は長くは続かなかった。

その後、姉はドクター・ジェフリー・トゥースと再婚する。この魅力的な男性は、保健大臣イノック・パウエルのもとで保健省メンタルヘルス部門のトップを務めたという人物だ。年齢はわたしの母とほぼ同じ。二人はドクター・トゥースが退職するまでイギリスに住み、その後はフランスに家を購入した。家を改修するあいだは船上で暮らし、その後はフランスに永住した。二人ともフランスを愛し、亡くなるまでそこにとどまった。

一九四〇年、住んでいた屋敷が爆撃に遭ったあと、わたしの父と祖母は空襲を避けてスコットランドへ移った。このときはジョージ六世が、バルモラル城がある荘園内の屋敷、クレガワンを提供してくれた。バルモラルはチャールズ皇太子がダイアナ妃と長い時間を過ごした場所だ。父はこの地で、わたしの母と再会する。

第二章
母方の親族

わたしの母方はスコットランドとスカンジナビアの出身だ。わたしの両親は生まれた場所も育った環境もかけ離れているが、二つの家族には奇妙な共通点があり、運命が二人を結び合わせたように思える。だが、この話はまたあとにしよう。

わたしの母はナディーン・マクドゥーガル。マクドゥーガル氏族《クラン》の長はスコットランド西岸のオーバンのそば、ドノリー城に居住していた。城は今では遺跡だ。わたしが属するマクドゥーガルの分家は、イングランドとの国境地域に住んでいた。

わたしの高祖父、アレクサンダー・マクドゥーガルは、マクドゥーガル製粉工場の創業者だ。小麦粉と白パンをイングランドへ供給するのが高祖父の仕事だった。今になって考えると、高祖父は小麦粉を白くするために、胚芽などの大切な栄養分を取り除いてしまっていたわけだ！ある日、一人の男が工場を訪れ、小麦から取り除かれたフスマの茶色い山を目にした。彼はその価値に気がつき、買い取りたいと申し出る。それがのちに小麦胚芽の健康食品ビマックスとなり、ボート競技の選手のあいだで人気を博した。

高祖父の弟は化学薬品の専門家だった。彼が考案した数々の商品の一つが、羊用の消毒薬で、彼が興した会社は洗羊液の製造会社、クーパー・マクドゥーガルとなった。

こうして、マクドゥーガル家は製粉と製薬、二つの分野で成功を収めた。彼らは大地主であり、ワイト島のヴェントナーにはセント・ラダガンズと呼ばれる屋敷を所有し、わたしの母は自分の母と妹たちとともに、毎年そこに滞在した。一族はロンドンのブラックヒースにも屋敷を持っていた。

母方の祖父、ハーバート・マクドゥーガル中佐は十二人きょうだいだった。あの時代、子どもを育てる余裕がある家庭は——マクドゥーガル家にその余裕があったのは間違いない——産めるだけ産んでいた。祖父はかなり冒険に満ちた人生を送っている。年齢を偽って軍隊に入り、ボーア戦争、その後は第一次世界大戦で戦い、第二次世界大戦では南アフリカでナタール騎馬ライフル銃隊を率いている。また、祖父はマクドゥーガル一族の中で、実際に製粉会社で働いたことのある最後の一人となった。

祖父の弟のアーサー・マクドゥーガルはイングランド南東部、メイデンヘッドにスキンドルズというホテルを所有していたものの、その建物は現在では存在しない。不幸なことに、彼はアルコール依存症だったが、気のいい男性で、母とその妹たちには気前のよいおじだった。彼は母が結婚したときにはウェディング・ドレスをプレゼントし、母の末の妹にも同様にしてくれた。ほかにも母に美しい宝石をいくつも贈り、中には目を見張るようなピンクサファイアの指輪もあった。残念ながら、すべてはるか昔にわたしたちの手から離れてしまった……。

わたしのもう一人の曾祖母（母の母方の）も、スコットランドで生まれ育った。ダンディーという街にあるハントリー城のコンスタンス・パターソンがその人だ。パターソン家は代々軍人を輩出し、父親の次はその息子と、連隊の指揮を受け継いできた。

わたしが聞いている話では、一八五四年のクリミア戦争の際、わたしの高祖父はバラクラヴァの戦いで連隊を率い、わたしの父方の高祖父に当たるニコライ一世の軍隊と戦った。そのほか、パターソン家には一六九〇年代にイングランド銀行設立に関わった人物がいる。ウィリアム・パターソンという人で、わたしから見ると、六代前のおじに当たる。

曾祖母のコンスタンス・パターソンはスウェーデン系フィンランド人のエミール・ボルグストロムに妻として迎えられる。その頃のフィンランドは、巨大なロシア帝国の一部だった。ロシア皇帝がフィンランドの支配者でもあったのだ。一八〇九年、アレクサンドル一世は、スウェーデンが戦争に敗北すると、フィンランドをロシアに併合した。国境はサンクトペテルブルクからたったの四十キロしか離れておらず、皇帝はフィンランド大公としてかの国を支配した。

一八一二年には首都をオーボからフィンランド湾に面するヘルシングフォルシュ（現在のヘルシンキ）へ移し、スウェーデン時代以来の自治権はそのままに残した。

しかしながら、フィンランドとロシアの関係は常に友好的だったわけではない。のちにロシア化政策が取られて、ロシア語が公用語になり、ロシアの郵便制度と徴兵制度が持ち込まれると、反ロシア感情が高まった。

わたしの父方の曾祖父母、ロシア皇帝アレクサンドル三世と、ダウマーと呼ばれたマリア・フョードロヴナ皇后は、フィンランドをいたく気に入っており、東南部のコトカ近くのランギンコスキ急流に釣り用のロッジを持ち、毎年夏にはそこで数週間過ごした。そこでは堅苦しい暮らしを忘れた。自分たちで薪を割って料理をし、子どもたちは大部屋で一緒に寝泊まりをした。

その時代、フィンランドの支配階級はスウェーデン語を話したので、スカンジナビア生まれのダウマーは街へ出かけて、地元の人たちとおしゃべりをすることができた。現在は、フィンランド語とスウェーデン語が学校で必修科目だが、スウェーデン語を使用する人は少数だ。

ボルグストロム家は大きな財力と権力を有する一族だった。エミール・ボルグストロムの父親、わたしの高祖父に当たるヘンリク・ボルグストロムは、フィンランドのボルゴと呼ばれる場所で生まれた。一八〇九年、わたしの高祖父ニコライ一世の兄、アレクサンドル一世は、同じ小さな街に滞在していたのだ。わたしはボルゴを訪れて、両方の屋敷を見学した。母方と父方の先祖が二百年も前にご近所同士だったとは、なんという偶然だろう！

ヘルシンキが現在の姿になるのに、ボルグストロム家が大きく寄与している。ヘンリク・ボルグストロムはフィンランド初の商業銀行を設立し、鉄道事業を立ちあげ、街に大きな公園を造って市民に開放した。フィンランドにタバコを輸入したのもヘンリクだ。ヘルシンキには彼の銅像が立っている。

それほどの銀行家を先祖に持ちながら、わたしにはなんの財産もないとは、なんという皮肉！

＊＊＊

わたしの両親が結婚する数世代前にも、母方の一族とロマノフ家の運命は交差している。曾祖父のエミール・ボルグストロムは、ロンドンのセント・ジェームスにあるフィンランド大使館で一等書記官をしていた。その妻コンスタンス・パターソンは四人の子どもを産み、そのうちの一人がわたしの祖母となるシルヴィアだ。

シルヴィア、それに双子の妹レオニーは、社交界デビューを果たした年にサンクトペテルブルクを訪れ、冬宮殿でわたしの父方の曾祖父、アレクサンドル三世に謁見している。ロマノフとボルグストロムという二つの名家が、いずれ結婚によって一つに結ばれると、そのとき誰が想像しただろう？

　不幸なことに、エミールの急逝により、コンスタンスは若くして未亡人となった。夫の死後、彼女は悲嘆に暮れ、アルバート公を亡くしたあとのヴィクトリア女王のように、それ以後、喪から完全に明けることはなかった。妹のそばにいようと、コンスタンスはフィンランドからイギリスへ戻ってくる。妹はケンブリッジ大学の天文学の名誉教授と結婚しており、偶然ながら、彼はプロヴェンダーから道路を進んだところにあるケント州のマーストンで教区牧師をしていた。彼はこの屋敷を知っていて、彼の薦めでコンスタンスは一八九〇年からここを借りている。その後、娘のシルヴィア、つまりわたしの祖母が、一九一二年に屋敷を購入し、わたしは今日までそこに住んでいる。

＊＊＊

　わたしの母方の祖父、ハーバート・マクドゥーガルは大胆な男性だった。シルヴィア・ボルグストロムが彼と出会ったのは、ティッカム・ハントという地元の狩猟場だった。ここは狩りをするにはもってこいの場所で、マクドゥーガル家では男子も女子も狩猟のためにケント州まで来ていたのだ。ハーバートはケント州のハイスにある射撃学校にいたことがあり、シルヴィアと駆け落ちをする前から土地勘があった。

二人の駆け落ちの話はロマンス小説のワンシーンのようだ。わたしの曾祖母のコンスタンスは、娘の婿にふさわしいフィンランド人の青年を選んでいた。その頃には、シルヴィアは結婚適齢期をかなり過ぎている。もちろんシルヴィアはフィンランド人であり、事情は若干違っただろうが、当時の女性は二十歳になる前に結婚しているものだった。

一九〇六年のはじめ、シルヴィアと母親はロンドンにある老舗ホテルで（おそらくクラリッジズだろう）、お茶を飲み、エセックス州のティルバリーへと旅を続けようとしていた。そこから船に乗ってフィンランドへ到着したら、コンスタンスは自分のお眼鏡にかなった若者と娘を結婚させるつもりでいた。ところが、ハーバート・マクドゥーガルは大胆な一計を案じた。親友のチューダー・バーという男性をホテルへ送り込み、シルヴィアに手紙を渡させたのだ。手紙を読んだ彼女は、「すぐに戻ります」と母親に断って席を立ち、通りに走りでると、ハーバートが用意していた馬車に飛び乗った。二人はそこからケント州まで馬車を駆った。ハーバートは特別結婚許可証を用意しており、二人はプロヴェンダーから八キロほど離れたところにあるリンステッド教会でそのまま結婚した。

その頃のボルグストロム一族は、鼻持ちならない気取り屋だった。粉屋の息子のハーバート・マクドゥーガルでは――粉屋の息子！――、シルヴィアと釣り合わないと考えたのだ。当時のボルグストロム家は今よりはるかに高慢だったのだろう。とにかく、二人は無事に結ばれたものの、最終的には破局する。

＊＊＊

結婚後、ハーバートはロイタトンと呼ばれる美しい地所を借り、そこにシルヴィアとともに暮らした。彼はその時代の紳士たちがそうしたように、農業を学んだ。古くから家族ぐるみのつきあいがあり、広大な地所の持ち主でもあるルイス・フィンという男性が、農業について一から十まで彼に教え、王立農業大学に行くのと変わらないほどの知識を授けてくれた。わたし自身、この家族とは今でも親交がある。近隣にあるマウント・エフレイムと呼ばれる大きな屋敷に円形の私道があり、そこで犬に二輪車を牽かせて競争させみんなで楽しんだそうだ。

ハーバートは小規模ながらも、農業で成功を収めた。彼はポロをし、農地の一角にはポロの競技場があった。とても気前のよい男性で、ひねりのきいたユーモアのセンスがあった。シルヴィアとまだ結婚していた頃、こんな話がある。彼が自宅の書斎で葉巻をくゆらせていると、メイドがドアをノックしてこう告げた。「旦那様、玄関にお客様がお見えになっています」

誰だろうと玄関まで行ってみると、なんのことはない、相手はただの物乞いだ。ハーバートは小銭を恵んで男を帰した。そして部屋に戻る途中でメイドにこう言った。「次にまた公爵様がいらしたら、わたしは留守だと伝えてくれ！」

わたしの母が六歳になる頃には、ハーバートとシルヴィアはロイタトンの農場を手放し、シルヴィアの母親のコンスタンスが暮らすプロヴェンダーに移り住んだ。一九一四年頃のことだろう。つまり、わたしの母は幼い頃、妹二人と一緒にこの屋敷に住んでいたのだ。母たちはおばあ様《グラニー》とうまく言えずに、コンスタンスをラリーと呼んでいた。最後にはラリーも、ハーバートのことをまんざら悪い娘婿ではないと思ったことだろう。視力が衰えた彼女のために、ベッドのかたわらに腰掛けて本を朗読してくれたのだから。

＊＊＊

コンスタンス・パターソンは一九一五年に息を引き取るまでプロヴェンダーで暮らした。彼女はあらゆる種類の奉公人を屋敷に置いていた。従僕が二人に執事、料理人、仲働きの女中、厨房の下働き、皿洗い、馬車の御者、大勢の庭師に庭師の下働き、といった具合だ。母はいつもこう話していた。第一次世界大戦前、まだロイタトンの農場に住んでいた頃、ハーバートは母たち三姉妹の手を引いて、プロヴェンダーまでの一、二キロほどの道のりを歩いてきていたものだと（もっとも、その頃だと、それほど歩くことができたのは最年長の母だけだったろう）。シルヴィアは家を留守にしがちだったため、ハーバートは子どもたちを祖母に会わせようと、義母のコンスタンスのもとをよく訪れていた。女性が一人きりでこれほど大きな家に住み、たくさんの使用人を抱えているのになかばあきれながら。

第一次世界大戦が始まると、男性の使用人たちは、高齢者や障害のある者を除いて、みな戦地へ向かった。男手がなくなり、残った者は全員が力を合わせる必要があった。プロヴェンダーには乳牛がいたので、生クリームと牛乳には困ることがなかった。祖母のシルヴィアはビールの醸造小屋を改造し、自分で搾った牛乳から自家製バターを作った。祖母のバター作りの腕はなかなかのものだったようだ。作れる量はごくわずかで、あっという間に使い切るのだった。もちろん、戦争が長引くにつれて、それまで慣れ親しんでいた快適さや贅沢品はすべて消えていった。イギリスのどの家庭でもそうだったように。

ハーバートの母親、わたしのマクドゥーガル方の曾祖母マーガレットは、ロンドン南東のブラックヒースに美しい大邸宅を所有していた。そこは出身地スコットランドの城跡から名前をもらい、ドノリーと呼ばれていた。曾祖母の旧姓はマクリーで、彼女の高祖母が一六〇〇年代に作った、マクリーという名前入りの刺繍見本は、プロヴェンダーの子ども部屋に今も飾られている。

第一次世界大戦中、息子のハーバートが出征したため、マーガレットはブラックヒースに家を借り、息子の嫁のシルヴィアと孫娘三人を住まわせた。その家は通りの角にあり、今もロンドンからケントへ車を走らせる途中で見ることができる。

母の記憶では、ブラックヒース周辺はまだ豊かな自然に囲まれていたそうだ。毎日、乳母と小さな池まで歩いては、ボート遊びをし、それからまた徒歩で帰宅した。戦時中は燃料の節約のために、主に荷馬車が使用され、幼い母の目には、それがとても楽しく映ったようだ。残念ながら、ブラックヒースはすっかり様変わりし、ドノリーと呼ばれた大邸宅のほうは現存するのかすらわからない。現在、あの地域には大規模な団地が立ち並んでいる。

＊＊＊

わたしの母には妹が二人いた。下の妹のフローラは旅行好きで、十五の頃から両親と一緒にたくさん旅をした。フローラはフィンランドが大のお気に入りだった。わたしの祖母シルヴィアの双子の妹レオニーは作家で、フィンランド群島にあるバーロスンドにハンマルボルグという名の地所を購入していた。レオニーは死去する際に姉のシルヴィアに地所を遺し、一九五五年、地所はシルヴィアから末娘のフローラへ譲渡された。その場所へ行くのに、フローラとその娘のダイアナは列車でソヴィエト領を通過するか、車で六時間かけてロシアをぐるりとまわってこなければならなかったそうだ。バーロスンド自体はロシアの支配下ではなかったものの、周辺の土地の大部分はまだソヴィエトのものだったのだ。

フローラはジャック・カクリーという名のアメリカ人と結婚した。彼はアメリカ海軍の要職にあり、第二次世界大戦中はロンドンのアメリカ大使館に勤務していた。やがてダイアナが生まれるが、二人の結婚にはさまざまな問題があり、フローラはのちに離婚して、名字をケイリーに変えている。彼女はしばらくイギリスに戻って過ごしたあと、イタリアへ渡った。わたしのいとこに当たるダイアナは、イタリアで育ってその地の学校へ通い、ローマで修士号を取得している。わたしより少し年上で、五カ国語を話す。

母の上の妹パメラは、結婚してソンズ伯爵夫人となり、一九六七年、五十代になったばかりのときに卵巣癌で死去している。インドのニュー・エイジ思想家、マハリシ・マヘーシュ・ヨーギーが瞑想で健康になれるとの教えをビートルズに伝授していた時代で、パメラも意志の力のみで体を癒やすことができると盲信し、癌の症状を完全に無視してしまった。手術をしたときには全身に転移していたのだ。彼女の息子のヘンリーも、五十代前半で癌にかかり亡くなっている。彼はわたしより十歳年上で、女性ならひと目で夢中になるほど、魅力溢れる男性だった。

＊＊＊

わたしの母が二十歳になる頃、祖父母は離婚した。祖母のシルヴィア・ボルグストロムは自身の自叙伝で、夫は「ペチコートを追いかけるのが好きだった」と記している。ハーバートは女癖が悪かったという、いかにも祖母らしい表現だ。二人が離婚したのは、祖母は本の執筆や旅行のほうが好きだったし、祖父は祖父で女性たちと楽しむのがやめられなかったからだ。相手を恨む気持ちはお互いになかったようだ。祖父は子どもたちと前妻に対して気前がよかった。いつも面倒をよく見てくれた——支えるべき新たな家族ができるまでは。

祖父が再婚するまでのあいだに、ロンドンには一時期、六人の「ミセス・マクドゥーガル」がいたらしい。女好きにもほどがある！

離婚から三年後、祖父は三十歳以上年下の女性、シスリーと再婚した。彼女は南アフリカ出身だったため、二人はナタールに移り住む。第二次世界大戦の頃には、祖父は戦闘に加わるには歳が行きすぎていたが、それでもナタール騎馬ライフル銃隊を指揮した。戦後はシスリーとともにイギリスへ戻り、ノーフォークのカウストンにカウストン・マナーという大邸宅を購入した。大きな湖のある土地で、祖父は自分の地所で狩猟大会を開催したものだった。わたしも、とても幼い頃に何度か行ったのを覚えている。

祖父は若い妻とのあいだに息子を二人もうけた。その頃は長男がすべての家産を相続する長子相続制だったため、そうすると母たち三姉妹にはなんの遺産も入らなくなってしまう。

離婚後、祖母のシルヴィアはルター派を信仰し、その後カトリックに改宗する。地元にいたカトリックのリンチ神父は、聖職者を多く輩出しているアイルランドの有名な一族の出で、離婚の前にわたしが助けを授けることができていたら、あなたは今も結婚していたでしょうと、常々祖母に語っていた。祖母が敬虔なカトリック信者になったことは言うまでもない。

祖母は本の執筆と取材のために、頻繁に旅行した。十冊を超える著作があり、何冊かはベストセラーになっている。最後の本、『キャンドルに火を灯して』は自叙伝で、絶賛されて複数の賞をもらった。出版されたのはわたしが生まれる数年前の一九四四年だったため、献辞では「二人の孫たち、ヘンリーとダイアナへ」となっている。祖母はポール・ウェインマンという、男性のペンネームを使っていた。ジェイン・オースティンが書いたものでもなければ、女性作家の本は売れないと信じていたからだ。

祖母はほかにも旅行記や、バーバラ・カートランドが書くような、純粋無垢な娘と気高い紳士が出てくるロマンス小説を書いている。収入はよく、自分の力で生活を支えていた祖母は仕事をする必要があった。祖母は食べていくために作家の道を選び、しかも才能を持ち合わせていた。

わたしは『キャンドルに火を灯して』をもう長いこと読み返していない。祖母の文章はあまりにお高くとまっていて、読んでいると大声で叫びたくなってしまうというのもある。それに自分の長女と次女は、それぞれアンドレイ公妃、ソンズ伯爵夫人、と堂々と紹介しているのに対して、海軍の軍人と結婚した末娘に関しては言葉を濁しているのだ。

＊＊＊

わたしの母も、若い頃はたくさん旅行をしていた。アイリッシュ・セッター犬を育て、スコットランド北部まで出かけては、猟犬の競技会に参加した。母は三十四歳になるまで独身だった。

母が初めて父と出会ったのは、第二次世界大戦前、場所はロンドンのフィンランド大使館だった。社交界へデビューする年齢はとうに過ぎていたが、祖母は、人前での正しい礼儀作法を身につけるには、大使館などで催されるパーティーに出席するのが一番だと考え、娘を送り込んだのだ。やがて母は礼儀作法を完璧にマスターした。ほかの若い娘たちと一列に並び、当時はまだ元気だった一番目の妻エルサとともに歩いてくるロシア公アンドレイに、深々と膝を曲げてお辞儀し、夫妻の手にキスをした。これを繰り返して数カ月以上経ったところで、エルサから、これからはしきたりにこだわらなくてよろしくてよ、と声をかけられた。

一九四〇年の終わりにエルサが癌で死去すると、父は自分の母親、ロシア大公女クセニアとともに、バルモラル城近くの屋敷、クレガワンへ移っている。バンチョリー北部にあるレイモア・ハウス・ホテルは、父たちがバルモラルへ行く途中で宿泊した場所の一つだ。そこには、わたしの祖母クセニアがサインをした古い宿泊帳が今も保存されている。

その頃、母方の祖母シルヴィアは、執筆のために娘と連れだってスコットランドのアボインに滞在していた。母のナディーンはディーサイドのパーティー会場で、ロシア公アンドレイと再会する。

母は、自分も母国の力になりたいと、駐屯しているカナダ兵のためにトラック運転のボランティアをしていた。「ねえ、ロシア公《プリンス》はきみに気があるんだよ！」と、彼らによくからかわれたそうだ。

「ばかなことを言わないで」。そのたびに母は否定した。しかしそれは当たっており、やがてアンドレイ公はバルモラルの森で母に求婚する。

スコットランドで彼と再会後、そして求婚されるよりずっと前のあるとき、母はアバディーンの魚市場で、ロマの占い師に自分の運勢を見てもらった。わたしは母から聞いたことしか知らないが、どうやらその占い師からはいろいろと言われたようだ。

「これからあんたはハンサムで背の高い黒髪の男とめぐり会うよ」

はいはい、占い師って若い娘には同じことを言うんでしょう、と母は考えた。

「相手はプロポーズのときに、両側から頭を包み込む形で、その上に赤いルビーが飾られた冠をあんたに差しだす。ヨーロッパのありとあらゆる王室・皇室はこの男の親戚だ」。占い師はそう続け、母は、くだらない！　お決まりのたわごとだわ、と心の中で一蹴した。

アボインから三十五分ほどしか離れていないアバディーンに戻り、母は自分の母親に尋ねた。「両側から頭を包み込む形で、その上に赤いルビーがのった冠って、どこの皇室のものかしら?」

先述のように、かつてフィンランドはロシアに支配されていたため、母方の祖母シルヴィアにとって、ロシア皇帝はフィンランドの元首でもあった。祖母は母にこう言った。「まあ、ずいぶんばかな質問だこと! 頭を包み込む形で赤いルビーと言ったら、もちろんロシアの皇帝冠に決まっているでしょう」

それから一、二年後、わたしの父はバルモラルの森へ母をピクニックへ連れてゆき、結婚を申し込んだ。彼が上着の内ポケットに手を入れると、母はそこに入っているものを正確に言い当ててみせた!

わたしの父は五カ国語を話すものの、英語のアクセントにはたまにおかしなところがあった。「信じられないな《ファンタスティーク》!」と言って、父は赤いルビーがついた小さな冠のジュエリーをポケットから取りだした。その後、ロマの占い師はわたしの母に連絡をよこし、母の未来と子どもについて、もっと教えられるから、もう一度会いに来るよう言ってきた。しかし、父方の祖母クセニアは、行かないよう母を説得した。

＊＊＊

クセニアは生涯にわたって、夫サンドロの神秘主義に悩まされ続けた。彼は不吉なものやオカルトであればなんであれ興味を示したが、彼女はそれについていくことがまったくできなかったのだ。だから、嫁となるわたしの母にもこう懇願した。「お願いだから、その占い師のもとへ戻るのはおやめなさい。いかがわしいことに関わるのは、サンドロ一人でじゅうぶんです」。母は頼みを受け入れて、占い師に会うことは二度となかった。

実際、サンドロには奇妙な力があったようだ。軍事演習で、彼がロシアの首都から遠く離れた場所を訪れたときのこと。当時はもちろん携帯電話はなく、電話線ですらまだろくに通っていなかった。首都からかなり離れた場所だったので、移動だけでも大変だった。その地でサンドロは商人の屋敷へ招かれた。相手はコインの収集家で、すばらしいコレクションを披露した。自分もコインを集めているサンドロは感嘆した。「なんとすばらしい。あなたから買い取りたいところだが、あいにく今は持ち合わせがない。それにしても、わたしのコレクションにぜひ加えたいものだ」

「どうぞ、どうぞ、差しあげましょう」。商人はそう言った。

いやいや、それでは申し訳ないと、サンドロは断った。

サンクトペテルブルクに戻り、デスクの前に腰をおろしたサンドロは、ふと商人のコインのことを思い返した――すると突然、卓上にコインが出現したのだ！　これは瞬間移動《テレポーテーション》と呼ばれる現象だろうか。おかげでサンドロはコインを送り返さなければならなくなった。

のちにフランスへ亡命して、二冊の回顧録を発表したあと、祖父は神秘主義に関する本を数冊出し、アメリカで講演旅行をしている。わたしも祖父に会うことができていたらと思う。サンドロは一九三三年に亡くなった。孫となるわたしの存在など、想像さえすることなく。

＊＊＊

わたしの両親は一九四二年九月二十一日にケント州で結婚した。戦時中だったため、式はこぢんまりとしたものとなり、父の母親のクセニアはスコットランドから旅をしてくるのが困難だったため、出席できなかった。

二人は英国国教会とロシア正教会で、合わせて二度式を挙げている。母の父親ハーバート・マクドゥーガルは、当時は南アフリカにいたので、ノートンのセント・メアリー教会で行われた最初の式では、弟のアーサー・マクドゥーガルが母の腕を取って入場した。カンタベリー大主教が式をつかさどり、花婿付添人は父の弟ドミトリー公が務めた。母は長いトレーンを引く、白の伝統的なサテンドレスをまとい、ヴェールをかぶった頭の上には、ココーシニクと呼ばれるロシア女性の頭飾りをのせていた。《タイムズ》紙によると、ページボーイは三人いたそうだ。一人はジェレミー・リー・ペンバートン（イングランド銀行総裁を務めたキングスダウン卿の弟）、もう一人はロバート・マーサー、そして最後の一人は二歳になる母の甥っ子、スロリー子爵ことヘンリー。ドレスのトレーンを持って通路を歩くのがヘンリーの役目だが、彼は入り口にじっと立ち、中に入るのはいやだとむずかった。乳母にお尻を押されて、ようやく教会の中へ入った。

カンタベリー大主教から特別な許可を得て、およそ三十分後には、シェルドウィッチ教会でロシア正教のしきたりにのっとった二番目の式が始まった。シルヴィアの自叙伝には、「イギリスの教区教会でロシア正教の儀式が執り行われたのはこれが最初です」とある。こちらの教会では、サー・ロバート・ホジソンが母をエスコートし、ドミトリー公は冠の運び手を務め、掌院ニコラスが式に当たった。掌院ニコラスはロシア正教に改宗する前はチャールズ・シドニー・ギブスという名前で、わたしの父のおじ、ニコライ二世の子どもたちの家庭教師をしていた。

母の妹パメラの屋敷での披露宴後、新郎新婦はアーサー・マクドゥーガルが経営していたホテルでひと晩過ごし、それからスコットランドのバルモラル城近くにある屋敷、クレガワンへ向かった。屋敷の周囲を散策する際には、イギリス王室のメンバーに遭遇することもあり、気をつけなければならなかった。バルモラルの森は勝手にうろうろできる場所ではなく、森に入るには許可を必要とする。もしも王室のメンバーに出くわしたら、自分たちは道の端へさがり、男性ならば頭を垂れ、女性ならば膝を折ってお辞儀をするのがマナーだった。現在のイギリス女王、エリザベス王女は当時まだ十代前半だったが、わたしの母は散歩の途中で何度かお目にかかり、お辞儀をしている。

エリザベス王妃（のちのエリザベス女王の母君《クイーンマザー》）はエルサをとても気に入っていて、以前はよく彼女を訪問していた。しかし、王族・皇族のしきたりとして、父が再婚の許可を王妃に請うべきところをそうしなかったため、エリザベス王妃は父とのつきあいを断った。わたしが父から聞いた話では、そういうことだ。

＊＊＊

わたしの両親はしばらくしてケント州へ戻るが、プロヴェンダーに住むことはできなかった。戦時中、屋敷は軍に徴用されていたからだ。屋内は将校の宿泊所となり、下士官たちは裏手の土地に組み立て式の兵舎を建てて居住した。そのためわたしの両親は近隣のリンステッドにプロヴェンダーによく似た屋敷を見つけ、その一部分を借りた。そこはやたらと幽霊が出る屋敷だったと、両親からも、そこで働いていたメイドからも聞いている。

父はテレビのコメディ番組『パパの軍隊《ダッズ・アーミー》』でメインウェアリング大尉が率いている民兵組織、国防市民軍《ホーム・ガード》に加わった。とても勇敢な上にかなり耳が遠く、爆弾が投下されてみんなが慌てて伏せているときでさえ、父は村の舗道を悠然と歩く姿を目撃されている。それを楽しんでいたのだろう。もう少し若ければ、きっと喜んでヨーロッパで戦っていたはずだ。

母の美しい妹パメラとその夫のソンズ伯爵は、十キロほど離れたリーズ・コートという、三十以上もの寝室がある古い大邸宅に住んでいた。そこも同じく軍に徴用されたものの、家族はうち一翼に住むことを許可された。海軍にいたわたしの異母兄二人は、休暇になると父を訪ねていた。ソンズ伯爵が国のために働いて屋敷を留守にしているあいだ、パメラはそのうちの一人と密通を楽しんでいたようだ。異母兄は窓にはしごをかけて部屋まで登っていたのだ。義理の息子が自分の妹の不倫相手だと知ったとき、わたしの母はこれ以上ないほど激怒した。

戦争が終盤に差しかかると、軍は屋敷から去り、一家はプロヴェンダーに戻った。屋敷を掃除しようと、末娘のフローラを連れて先に帰宅した祖母のシルヴィアは、あっけに取られた。屋内はめちゃくちゃ、庭もすっかり荒らされていた。兵士たちには、人の屋敷だから大切に使おうという気はさらさらなかったのだろう。あるとき、母が屋敷に戻ってみると、兵士たちは船の甲板を洗うのと同じやり方で、広い通廊の床にバケツで水を撒き、ブラシでごしごしこすっていたそうだ。戸棚やクローゼットには鍵をかけておいたのに勝手に開け、母のドレスをまとって遊んだ者までいる。これには母が喜ぶはずはなかった。

陸軍省から届いた謝罪の手紙と、祖母が請求した金額の支払い証明書は、今もすべて保管されている。陸軍省は屋敷と庭の修繕に、いやというほど賠償金を払わされている。

＊＊＊

貧しいプリンスであったわたしの父は、財産も住む場所もなく、プロヴェンダーに来るしかなかった。けれども、父はこの場所を愛していた。心から愛していたのだ。それに、ここにいると、自分の身が安全だと感じることができたのだろう。

亡命から三十年近くが過ぎたあとでも、ソヴィエトはロシア貴族の命を狙っているとささやかれていた。わたしの母は不安でならなかった。父の存命中、母はフィンランドにいる親戚から何度も招待を受けたが、決して応じようとはしなかった。フィンランドはかつてロシアに支配されており、しかもロシアは目と鼻の先だからだ。母は夫や自分が拉致されるのを恐れていた。亡命したロマノフ一族は、綴りをRomanovからRomanoffに変えていたし、父によるとロマノフはイギリスのスミスという名字と同じくらい、ロシアでは一般的な名前だった。それでも母は、自分たちの名前がスターリンの暗殺リストに載っているのではと警戒した。

実際、母には心配するだけの理由があった。一九三〇年代、ソヴィエトはパリの路上でロシア白軍の元将官たちを次々と拉致したのだ。ソヴィエトのパリでの動きは、当地のロシア人コミュニティを震撼させ、父の親戚たちもその多くがボディガードを雇っている。わたしの祖母のクセニアも、長いことスターリンの暗殺リストに載っていたが、祖母の場合は、イギリス政府により、最初はフロッグモア・コテージで、のちにはウィルダネス・ハウスで護衛されていた。

わたしの父は飛行機に乗ってどこかへ行ってみたいと強く願っていたが、母は決して飛行機に乗ろうとしなかった。気の毒に、父は心底飛行機に乗りたがっていた。しかし、自分の母親の埋葬や、ほかの親族の葬儀でフランスを訪れたのを除けば、父がイギリスを出ることはなかった。

＊＊＊

結婚からおよそ二年後、一九四四年ぐらいだろうか、母はアバディーン王立病院で流産している。男の子だった。母は男児だったことは決してわたしに話さず、わたしは父から教えられた。流産後、母は羊が泥から感染するたぐいの敗血症にかかった。病状はかなり深刻で、医師からは今後五年間、妊娠を避けるよう忠告されている。もちろん、当時の医療は今とはまったく異なっていたのだろう。

両親は一九四九年にプロヴェンダーに戻り、ちょうどその頃、母はわたしを妊娠した。男の子だと確信していたそうだ。息子は「ロシア公《プリンス》」の称号を受け継ぎ、イートン校へ通って……と、母は息子の将来設計を細部まで心に描いていた。

わたしはクィーンズ・ゲートにあったウェルベック病院で、帝王切開の末に誕生した。母は麻酔から目が覚めて（一九五〇年のことなので、エーテル麻酔だと思われる）女の子だと知らされると、わっと泣きだしてしまった。

困った父は義父のハーバート・マクドゥーガルに電話をかけ、「妻が娘ならほしくないと言っているんです」と相談した。義父の返事はこうだった。「心配しなくていいぞ、アンドレイ。娘はまだ麻酔から完全に覚めていないだけだ。頭がはっきりすれば問題ない」。そして、その通りだった。

わたしは一九五〇年の四月に生まれ、生後二週間でプロヴェンダーへ運ばれた。父にはすでに最初の結婚で三人の子どもがおり、わたしが生まれたときには、一人は二十九歳、ほかの二人は三十代だった。彼らの目には、わたしは甘やかされた子どもに映ったようだ。宝石や大金を投げ与えられていたという意味ではない。それはそれですてきだっただろうけれど。そうではなく、愛情を一身に注がれたという意味だ。わたしが生まれたとき、母は四十二歳の誕生日を二カ月後に控え、父はすでに五十四歳だった。だから、二人ともそれ以上子どもを作ろうとはしなかった。わたしのような子どもは一人いればたくさんだろう！

第三章

わたしの子ども時代

わたしは一九五〇年五月十六日に、ハンプトン・コート宮殿の敷地内にある、ウィルダネス・ハウスのロシア正教会礼拝堂で洗礼を受けた。この屋敷は、祖母のクセニアがイギリス王室から賜った場所の一つだ。《タイムズ》紙によると、わたしの洗礼服は、曾祖母のダウマーこと、マリア・フョードロヴナ皇太后のレースで作られていた。

ロシア正教会では洗礼盤の中に幼児を頭まで沈めるが、母は大事な娘が水没するのを心配して、洗礼盤の中に浅いベビーバスを入れさせた。水に沈められて、わたしは泣きだしたそうだ。泣き声は赤ん坊の体から悪魔を追い払うので、これはよいこととされている。

同新聞には、わたしの代父母はノルウェーのホーコン国王、デンマークのイングリッド王妃、父方の祖母ロシア大公女クセニアとおじのロスチスラフ公、母方の祖父ハーバート・マクドゥーガル中佐、ノーフォーク、ナーフォード・ホールのミセス・カーロス・ファウンテン、それにミセス・ジョージ・ウェラーだったと記されている。

ロシア正教会では、代父母は親族の一員とされている。英国国教会ではそれと異なり、両親が選ぶ人物は親族である必要はない。代父母選びに関して、わたしの両親は深く考えていなかったらしく、自分たちより若い人を選ぶべきところを、年上ばかり選んでいる。

わたしは代父母たち全員から、洗礼のお祝いをいただいた。ホーコン国王からはブローチを、イングリッド王妃からはブレスレットを贈られた。母はどちらもさっさと銀行に預けてしまった。

＊＊＊

わたしが生まれた頃には、戦前に比べると、どの家庭でも親が直接育児に関わることが増え、父親が乳母車を押すことは普通になった。もっとも、わたしの父は、上の子どもたちのときも乳母車を押していた。

わたしの乳母車は特別製だ。母は自分の娘には最高のものをと考えたのだ。わたしが生まれる少し前、母はエリザベス女王御用達の馬車製造会社に連絡し、チャールズ皇太子のために造られたのとそっくり同じものを注文した。わたしがプロヴェンダーへ連れてこられたときには、すでに同一のものが用意されていたわけだ。乳母車は底が可動式で、赤ん坊が大きくなったら、底を半分ずらして脚を伸ばし、座れるようになっていた。また、理屈の上では、ハンドルを動かせば、対面式にも、背面式にもなった。のちに一九七六年と、七七年にわたしの長男と次男が誕生したときにも、この乳母車が活躍した。今だから白状するが、そのときわたしは赤ん坊のお散歩がてら、近くの畑から野菜や果物を失敬しては、乳母車の底に隠していた。底を戻せば、外からはまったくわからない!

わたしの幼少期に話を戻そう。わたしが二歳から四歳ぐらいになるまで、父は乳母車でプロヴェンダーの地所内を散歩に連れていってくれた。めんどくさがり屋のわたしは、たいていは乳母車の中に座ったままだ。風が強いとき、父はわたしに風が当たらないよう、乳母車のフードをおろすのだが、するとわたしは決まって騒ぐのだった。「いやいや、パパ! あげて、あげて!」

わたしはうんと手を伸ばして、フードをあげてしまう。父がさげては、わたしがあげるのを繰り返し、地所内の果樹園で作業していた農夫たちは、プリンスが小さなお嬢さんにやり込められるのを楽しそうに見物した。

乳母車はまだ取ってあるが、さすがに今では壊れて、果物を隠す役には立ちそうにない。

産後、母がプロヴェンダーに戻ってからしばらくのあいだは、住み込みの看護師がついていた。ロウイーことシスター・ヘレン・ロウは、エリザベス女王のご出産時に、毎回お世話をしている。チャールズ皇太子とアン王女、それにおそらくアンドルーとエドワード両王子のお世話も彼女がしたのだと思う。最高のもののみを求めた母は、女王が選ぶものはすべて最高に違いないと考えていた。

子ども部屋は屋敷の二階にあった。祖母のシルヴィアは、一番いい客室を、目を見張るような子ども部屋に造り直した。そこには専用の浴室と通路、子ども用の寝室があり、乳母と乳母の手伝い、それに子守女が、すべてに目を光らせていた。想像できるだろうか？　たった一人の子どもの世話に三人とは！　常に三人ともいたわけではないとはいえ、子ども部屋は、わたしにとって何不自由のない小さな世界だった。

子ども部屋の床は、簡単に掃除ができるよう、コルクの特別製だ。わたしは暖炉の前でおまるに座り（本物の火ではやけどをすると母が心配したので、暖炉の中には電気ヒーターが入っていたはずだ）、年配のメイドが巨大なバケツの横で、石けんとブラシを持って、床をこするのを眺めていたのを覚えている。

そのバケツは高さがずいぶんあった。ある日、よちよちと歩いていたわたしの耳が持ち手に引っかかり、バケツの縁でざっくりと切れてしまった。それでそのバケツはお払い箱となった。その後、母は水を運ぶのに、なんらか別の手段を用いさせた。

母にとって、わたしは大切なひと粒種だった。飲み水はミネラルウォーターと決まっていて、水道水を飲むことは許されなかった。ポリオ流行の際には、牛乳配達屋はわが家の敷地へ進入禁止となった。母は、荷馬車の車輪についた汚れが病原菌を運び込むと考えたのだ。のちに、母の考えは正しかったことが判明した。衛生面に関して、母が注意していたことがらの多くは、実際、理にかなっていたのがあとでわかった。

母は大事なわが子をばい菌から守ろうと躍起になった。友人たちが赤ん坊を見に来ると、「あなたは風邪気味ではないでしょうね？　何か汚いものに触らなかった？」といちいち確認した。一九五〇年代には、手押し式のポンプに入った殺虫剤が出回り、部屋中に撒いていたものだ。もちろん、中身はジクロロ《D》ジフェニル《D》トリクロロエタン《T》なのだが、当時はＤＤＴが人体に悪影響を及ぼすことは誰も知らなかった。

母は大事なわが子がいる子ども部屋へ訪問者を通す前に、このＤＤＴを全員に吹きかけた。昔は飛行機から降りたときにも、同じことをされていた。

その後、子ども部屋はわたしの寝室になった。ごく自然なことだ。あそこは子どもが寝る場所であり、わたしは子ども部屋にいるのが好きだった。

＊　＊　＊

わたしが生まれて半年ほど経った頃、祖母のクセニアが週末をはさんだ連休に合わせて、プロヴェンダーを訪れた。わたしから見たクセニアは「アママ」に当たる。これはデンマークの王族が使用する愛称で、「祖母」を意味する（祖父は「アパパ」だ）。アママは屋敷での滞在を楽しんだ。最上の客室を用意され、外出して人と会い、わたしの両親は彼女のためにパーティーを開いた。アママは、わたしの母方の祖母シルヴィアとも仲良くなった。二人はよく一緒におしゃべりをしたが、シルヴィアは相も変わらずお高く気取っていたらしく、クセニアに話しかけるたびに「ロシア大公女殿下」と、いちいち敬称を口にした。

プロヴェンダーのもう一人の訪問者は、父のただ一人の女きょうだい、ティティおばで、彼女はラスプーチンを殺害したフェリックス・ユスーポフの妻だった。二人は在住していたパリから、しばしばイギリスを訪れた。ティティおばは、母親のクセニアが住むハンプトン・コートへ行く途中でケント州にたびたび立ち寄っていた。

彼女がなぜティティと呼ばれていたのかは不明だが、おばのことは鮮明に記憶している。イラストを描くのが得意で、とてもおもしろい絵を描いてくれたものだ。幼い頃、彼女はわたしがおまるに座っているところへやってきては、動物がおまるで用を足している絵を描いてくれた。わたしはティティおばが大好きだった。彼女はゴロワーズのタバコとシャネルの五番のにおいをまとい、声はとても低く、たくさんの言語を話した。とても愉快で、小さな子どもの相手が本当に上手だった。

＊＊＊

まだわたしがかなり小さかった頃、母は朝の十一時までベッドの中で過ごし、わたしは教育係か乳母に連れられて、母におはようの挨拶をしに行くのが日課になっていた。

ある朝、乳母もわたしも母の寝室へ行くことをすっかり忘れてしまった。かわいそうに、乳母は朝の挨拶をし忘れただけで、怒り狂う母からさんざん叱りつけられた。母の横柄な一面だが、それも長くは続かない！

父はおやすみの挨拶のとき、必ずわたしの頬に三度キスをしてから、それぞれの手にもキスをし、最後はロシア語でわたしに話しかけたものだ。ロシアを訪れると、父がよく話しかけていた言葉にふと気づくことがある。

わたしはロシア語を教えてもらえなかった。わたしの異母きょうだいは流暢なロシア語を話すのだが。

わたしは英語しか話さない――しかも、長年スコットランドに住んでいたため、スコットランドの方言が数々混じっている。

乳母が休みで、母が忙しいときには、父がわたしをお風呂に入れてくれた。石器時代の前には、人類は足も手のように器用に使うことができたんだよと、父が話していたのを覚えている。

父はわたしを湯船につからせてこう言ったものだ。「足の指を開いてごらん。手の指みたいにぱっと広げるんだ」

そして、わたしは父に言われた通りにやってみせた。

＊＊＊

わが家に勤めた乳母は多数にのぼる。最初の乳母が来たのはわたしがまだ生後三カ月のときだから、当然、彼女のことは覚えていない。だが、乳母車に乗って小道を進む光景は頭に残っている。「もこもこの道」と呼んでいた小道は、両脇にもこもこした実をたくさんつけたホップ畑が広がっていた。その畑でホップを栽培するのは初めてで、あちこちに肥やしが積まれ、蒸気がゆらゆらと立ちのぼるのが見えた。乳母車はとても低い位置にあったため、鼻を突くにおいがしたのを覚えている。

わたしの記憶にきちんと残っている最初の乳母《ナニー》は、ナニー・レイとナニー・アイリーンだ。二人は数カ月ごとに交替で働いていた。わたしがべったりなついてしまうと、母はすぐに乳母をくびにした。ナニー・レイだけは例外で、わたしは彼女が本当に大好きだった。彼女にぎゅっと抱きつくだけで心が満たされた。

この世で誰よりも優しい女性、ナニー・レイがわが家へ来たのは一九五三年のことだ。今では合併してカンブリアとなったカンバーランドの、セント・ビーズ、メインストリート九十九番地に彼女は住んでいた。わが家へ来た頃は五十代だったに違いない。灰色の髪をひっつめて、たくさんのヘアピンで留め、ガーターをつける代わりに、シーム入りの分厚いストッキングをブルマーの太腿のゴムをかぶせて留めていた。ブラジャーをつけないので胸が垂れていて、いつもウールと綿の混紡シャツに藍色のスカート、エプロンに紐なしの靴という姿だ。制服は着用していなかった。

しかし、母はナニー・レイを一度に三カ月までしか置こうとせず、三カ月経つとナニー・レイは別の働き口へと移動し、さまざまな家庭を順繰りにめぐった。そうやって一九六六年までわが家で働き、わたしの結婚式にも来てくれた。そのときはわたしが宿泊したロンドンのホテルに、彼女の部屋も用意した。「ご主人に優しくしてあげなさいね」と、彼女に言われたのを覚えている。

ナニー・レイがいないあいだによく来ていたのがナニー・アイリーンだ。二人は大学の同級生だった。ナニー・アイリーンはコットン百パーセントの縞模様ワンピースを色違いで持っており、いつも浴槽で洗っていた。洗濯機のように便利なものはまだない時代だ。彼女が服を洗うと、ぶくぶくと泡がたち、泡が大きくなるさまにわたしは見とれたものだ。

＊＊＊

ナニー・レイは少々風変わりで、炉棚の上に妖精がいると言いだすことがあった。それでも、彼女がしてくれる、テディベアのパーティーごっこは本当にすてきだった。幼いわたしは自分の体とほぼ同じ大きさのテディベアをいくつか持っていた。サンディ・ベアに、弟のエドワード、その後、キャロラインとリッキーが加わった。リッキーはふわふわとした真っ白なぬいぐるみで、足の裏には「パーシルの洗剤で洗ってね」と表示がついていた。のちにリッキーは、虫に食べられて哀れな死を遂げてしまう。それはさておき、わたしたちは塀で囲まれた庭や、桜の木の下で、テディベアのティーパーティーに、テディベアの結婚式、テディベアの洗礼式を行った。本当に楽しかった。その光景は映画用フィルムに収めていたが、あいにくフィルムが劣化して真っ白になっていた。一人っ子だった幼いわたしにとって、テディベアたちはお友だちだった。考えてみると、寂しいものだ。

ナニー・アイリーンは花を飾りつけるのが上手で、とりわけクリスマスのフラワーアレンジメントは見事なものだった。あいにく、ナニー・アイリーンはくびになってしまう。もうすぐクリスマスというとき、祖母のシルヴィアが二階にある自分の部屋で彼女に用があり、わたしの母に彼女を呼びに行かせた。「母が呼んでいますよ、ナニー・アイリーン！」

しかし、花の飾りつけに忙しかったナニー・アイリーンは、こう返答した。「十五分後でかまいませんでしょう。今は手が離せないんです！」このひとことで、彼女は翌日屋敷を追いだされた。母はどの使用人に対しても、徹底して礼儀正しくあることを求めた。

＊＊＊

わが家ではクリスマスは毎年二度お祝いした。一度目は十二月二十五日に、そして次は一月七日にロシア正教会のクリスマスを祝う。二度もプレゼントがもらえるのだから、子どもにとってはまさに夢のようだ。わたしの母はフィンランド系のため、プレゼントがもらえるのはクリスマスイヴの日だった。そのときまで、子どもはクリスマスツリーを見ることを許されなかった。オーク・ルームと呼ばれている大広間に、高さ二メートル半のもみの木が毎年運び込まれ、父が美しい飾りつけを施した。当時は小さなキャンドルホルダーに入れた本物のキャンドルに火を灯して飾っていたが、火事になったことは一度もない。大きな木に色とりどりのボールやきらきらと輝く長いモールがぶらさがり、それはすばらしい光景だった。

わたしはクリスマスイヴのお茶のあと、オーク・ルームへ通された。中にはすべてのプレゼントが並べられ、祖母のシルヴィアは自分の部屋からおりてきて、乳母もその場にいる。それからクリスマスのごちそうとなり、たいていは七面鳥だ。その翌日は火を使わない簡単な料理か、温めたハムで、これは誰が訪ねてくるのかで変わった。

一月のロシアのクリスマスでは、また一から祝い直すことになる。大人用のプレゼントの数は十二月のときよりも少なかった。料理は十二月が七面鳥なら一月はガチョウというように、母の気分次第だった。クリスマスのように大切な日には、母も料理をするのを楽しんだものだ。

スカンジナビアの血を引く母は、わたしが六歳の頃からシャンパンを口にするよう勧めた。「ひと口飲んでごらんなさい。縁起がいいんですよ」。反抗期に入ると、わたしもいらないと言い張ったが、密かにシャンパンを楽しんでいた。

乳母とは別に、一日に数時間だけ来る教育係がいた。一人目を雇うことになったのは偶然のなりゆきだった。父はハンプトン・コートに祖母の見舞いに行き、母はロンドンで胆嚢の手術を受けていたため、わたしはこの意地悪な魔女、子どもにとっては毒のような教育係と、留守番させられることになったのだ。乳母や教育係のなかで制服を着用していたのはこの教育係だけで、彼女は地獄から来た本物の魔女だった。

午後は必ず部屋でお昼寝をさせられ、トイレに行きたくなっても、ベッドから起きあがることを許されなかった。彼女は本当に厳格だった。

それから何年も経った一九七六年、わたしは初めての出産を間近に控え、いい乳母を探していた。生まれてから数カ月ほど、子どもの世話をしてくれる人がほしかった。そこでわたしは仲介業者へ電話をした。相手はわたしの話を聞いたあと、こう言った。「それでしたら、責任感のあるぴったりの女性がいますわ。うちの登録者の中でも飛び抜けて優秀な方で、名前は――」

「結構です！」名前を聞いてわたしは即座に叫んだ。「その人からは、子どものときにひどい目に遭わされたわ！」

大嫌いな相手ではあったものの、彼女は教育係としては優れており、わたしはかなり幼い頃から読み書きを教わった。四歳か五歳のときには、すらすらと絵本を読むことができた。足し算はできなかったが、本を読むことはでき、字もおおむね書くことができた。はじめはアルファベットの「a」ばかりノートに書かされ、次は「b」と続き、ある時点からは覚えたアルファベットをくっつけて単語にした。思うに、彼女がわたしに文字を教えることにしたのは、いたずらをする暇を与えないためだったのだろう！

夏にはケント州の港町ウィスタブル近くの海岸、シーソルターへ避暑に行くのがわが家の恒例行事だった。そこは砂利浜で、潮が引くと砂泥底が現れる。五歳ぐらいのとき、わたしは母のあとについて浅瀬を歩いていた。一緒に来ていた教育係の女性がわたしを抱きあげると、足の親指がぶらんとさがっている。割れた瓶を踏んで、骨までざっくり切れていたのだ。

いざというとき、父は常に冷静そのものだった。母も上流階級の者は慌ててはならないという信念を持っていた。父が運転する小型車の後部座席に、母が平然とした顔で座っていたのを覚えている。わたしは教育係の膝に座り、ミネラルウォーターで傷口の砂と泥を洗い流されていた。

地元の小さな病院に到着すると、わたしは手術台に仰向けに寝かされた。母はわたしの口に自分の指を一本差し入れた。「叫んだり、音を立てたりするのははしたないことですよ。わたしの指を噛んでいなさい」。わたしは親指を六針縫われた。今でも曲げることはできない。

教育係の女性はかなり長いことわが家へ来ていた。実際、わたしの両親からは気に入られていたのだ。やがてうちの庭師の弟と恋仲になり、それで何もかもが台なしになった。仕事中もうわの空になることが増え、母の不興を買って去っていった。

＊＊＊

大嫌いだった教育係がいなくなると、母はミス・スタインという女性を街で見つけてきた。彼女は典型的な教育係というタイプで、小柄で痩せ型、灰色の髪は頭のうしろできちんと結い、とても優しい性格だった。立派な紹介状を携えており、しばしば長い散歩へわたしを連れていった。

ある日、わたしがいつものように二階でお昼寝をしていると、屋敷の中で騒ぎ声があがった。

ミス・スタインが階段をあがりきったところでてんかんの発作を起こしたのだ。わたしの母は激怒し、彼女を雇うよう薦めた医師に向かって噛みついた。「わたしに黙っているなんてどういうことですか！　大切な娘を散歩に連れていってる最中に発作が起きていたかもしれないんですよ！　そんなことになっていたら、娘はどうすればいいのかも、どうやって家に戻ればいいのかもわからなかったでしょう！」気の毒なミス・スタインはお役御免となるが、母は解雇手当を惜しみなく与えた。

ミス・スタインのあとに教育係として雇われたのは、とても楽しい近所の女性だった。名前はアンで、夫と二人で陶芸家をしていた。彼女は大きな粘土の塊を抱えて現れ、二人で一緒にやったことと言えば、おしゃべりをしながら粘土をこね、いろんなものを作ったことぐらいだったと思う。

アンのあとは別の地元の女性が引き継いだ。セリングという村に住む農家の奥さんで、わたしが九つになるくらいまで教育係を務めた。勉強には図書室を使い、わたしは大きな羊のぬいぐるみと一緒に、すてきな勉強机に向かった。

スカートの横側をめくってズロースを見せて、とわたしは彼女によくおねだりをした。ある日、六歳ぐらいの頃、色つきのズロースをパパにも見せてと頼んでいるところを、母に見つかった。男性の前でスカートをめくらせるのはとてもいけないことですと、わたしは母にお説教された。

わたしはハンプトン・コートで暮らす祖母のクセニア宛に、毎日手紙を書くことになっていた。毎日毎日、代わり映えのしない同じ文面だ。「大好きなアママへ、今日、わたしは……」から始まって、その日にやったことを書き、だいたい最後は、「アママのお具合がよくなるよう願っています。愛を込めて、オリガより」と結ぶ。

祖母は絵画を好み、祖母自身も絵心があったので、わたしも必ず自分の絵を手紙に同封した。もっとも、ちょっぴりずるをし、教育係が描いた絵に色を塗っただけだ！

＊＊＊

たまにロマノフ家側のおじたちもわが家を訪ねてきた。父には弟が五人いて、そのうち何人かはイギリスに在住し、少なくとも三人はイギリスにいることが多かったものの、頻繁に旅行へ出かけていた。一人はイギリスに暮らしてここで没し、フランスにも家を持っていた。

若くしてアメリカへ移住した父の末弟ヴァシーリー公は、母親であるクセニアの体調が悪化してからはイギリスにいたが、結局はアメリカへ戻っている。彼はハリウッド映画で端役を演じていたナタリア・ガリツィンと出会い、結婚した。生活は貧しいものだった。それでも、夫婦ともに誰からも愛され、仕事と住む場所を与えてくれる人には事欠かなかったようだ。彼は一時期、カリフォルニアで養鶏業を営んでいたこともある。

ヴァシーリー公はとてもいたずら好きで、すばらしいユーモアのセンスの持ち主だった。パーティーでは、逆立ちをして、空になったシャンパンボトルを鼻先にのせる芸を披露したものだ。父たち兄弟の中でもとびきりおかしなおじだ。

ヴァシーリー公の娘マリーナはすてきな女性だ。最後に会ったのは一九六五年だが、電話ではたまにおしゃべりをし、わたしは彼女の子どもたちと親しくつきあっている。一九六〇年代、マリーナはのちの夫となるボーイフレンド、ビリーと二人でミニバンに乗り、ヨーロッパ一周旅行へ出かけた。ある夏の日、二人は連絡なしにプロヴェンダーを訪れた。もちろん、わたしの母は一泊していくよう勧めたものの、そのあとこう付け加えた。「同じ部屋に泊まらせるわけにはいけませんよ。うちには子どもがいるんですから」。道徳上、母は結婚前の男女が一つの部屋を使うところを娘に見せたくなかったのだろう。

一九五〇年代には、父方の別のおじが一人、プロヴェンダーの使用人用の翼に住んでいた。おそらく四番目の弟、ロスチスラフ公だったと思う。その頃は住み込みの使用人はおらず、彼はかなり長いことそこにいた。

アルコール依存症で、毎日のようにタクシーに乗っては、ファヴァシャムにある〈壁の穴〉という安っぽいパブへ行き、酔いつぶれて最後はスツールからずるずると落ちるのだった。そのあとはまたタクシーを拾って、戻ってきた。長いことそれを繰り返しながらも、誰からも愛され、愉快な男性だった。彼がパブに現れると客たちから、「ロシア公《プリンス》のお出ましだ」と声がかかったそうだ。

母も彼のことは気にしなかった。同性には厳しくても、男性にはずいぶん寛容だ。おじが使用していた翼には専用の玄関ドアがあり、顔を合わせることも少なかったのだろう。それにおもしろい人は憎めないものだ。その後、おじがどうなったのかは知らない。再婚したようだから、アルコールとは縁が切れたのだろうか。

母の妹の夫、ジョージ・ソンズは、アルコール依存症による幻覚に悩まされた。何時でもかまわずに警察に電話をしては、自邸の庭の隅に黒服の男たちがいて、彼のために墓穴を掘っていると訴えるのだ。「そうですか、閣下。ええ、おうかがいしましょう」。警察はそう受け答えて、巡回にやってくる。「誰も見つかりませんでした、閣下」。そして帰っていくのだった。

＊＊＊

その頃はだいたい十日おきに、ウィルダネス・ハウスに暮らす祖母のクセニアのもとを訪れていた。祖母の聴罪司祭を務めていたすばらしい男性、ゲオルギー・シェレメーチェフ司祭が聖体礼儀を行い、わたしも一緒に参加した。礼拝のあとは、いつもダイニング・ルームで盛大な昼食となった。

祖母クセニアが死去し、シェレメーチェフ司祭はわたしの神父となった。

家族の死に際しても、窓ガラスに自分たちの名前を彫りつけるのがならわしだったが、まだ幼かったわたしは、そうすることを許されなかった。

祖母の部屋へ行くには、必ずマザー・マルタの横を通らなければならなかった。彼女はとても怖い存在だった。もっとも、本人は祖母の家族のことなど気にも留めていなかったが。祖母は一九六〇年に死去し、わたしはまだ十歳だったため、マザー・マルタについてはほとんど知らない。いとこのアレクサンドル——ニキータ公の次男だ——によると、彼女の本名はヴェーラ・マースレニコヴァ。修道女で看護師として働いていたそうだ。クリミアにいたときから祖母の世話をしていたのだろう。

父は、わたしの母にこんな話をしている。マザー・マルタがまだクリミアで働いていた頃、彼女は病室を見回ってベッドを検査した。何もかもが清潔に見え、どの患者たちも白いシーツを顎まで引きあげていた。ところが彼女がシーツをはぎ取ると、患者たちの体は壊疽に覆われ、蛆が湧いていた。すべて見せかけだけの清潔さだったわけだ。

マザー・マルタはとても背が高く、ものごとのやり方にこだわりを持っていた。祖母のクセニアを敬愛しているのは子どもの目にも見て取れた。彼女は顔だけ見えるように白い女性用頭巾《ウィンプル》を巻き、肩の下まであるのりのきいた白いヴェールがそれを縁取っていた。着ているものは黒い修道服だ。

四、五歳ぐらいまでは、わたしもマザー・マルタになついて、よく膝の上にのっていた。だが、大きくなるにつれて彼女が薄気味悪く思え、そんなわたしのよそよそしい態度に彼女は困惑していた。

祖母クセニアのことはわたしも大好きだった。アママは歳を重ねても美しく、すばらしいユーモアのセンスを持っていた。ファベルジェのシガレットホルダーを指にはさみ、足もとには水を張った石造りのボウルを置き、それにタバコの吸い殻を入れていた。そのボウルが犬用のお皿にそっくりで、わたしはてっきり犬の糞が浮かんでいるのだと思い、どうしてあんな汚いものを置いているのか不思議だった。

これはフィルター付きのタバコが登場する以前のことであり、祖母は両切りタバコを三等分に切ってはシガレットホルダーに挿し、少しずつ吸った。吸い終わりのほうのにおいを嫌い、吸いさしを取って、水を張ったボウルに捨てていた。するとマザー・マルタがやってきて、ボウルを空けるのだった。なんとも奇妙な光景だ。アママはとても陽気な女性で、彼女と庭園で撮った写真がたくさん残っている。

祖母は晩年になると、わたしたちが訪ねていっても、ベッドに横たわっているようになった。

その頃、わたしはたくさんポニーに乗っており、筋肉質になったわたしの太腿は、なぜか祖母の興味を引いた。母は、当時の女の子がよく着ていた、胸もとにギャザーを寄せて刺繍を施したワンピースをわたしに着せたものだった。わたしはジーンズをはきたかったのだが、それは認められないらしい。だから、アママがわたしの太腿の筋肉を指で確かめられるように、わたしはワンピースの裾を持ちあげなければならなかった。

マザー・マルタにはお気に入りの相手がいて、そのうち一人は、いとこのアレクサンドルだったと思う。祖母が死去すると、マザー・マルタは自分のお気に入りたちに小箱を渡し、「これをあげましょうね」と言った。噂ではその小箱はファベルジェの作品だったと言われている。アレクサンドルはいつも彼女に優しく接していた。

祖母の死期が近づき、彼女の世話は看護師たちに任せられた。だが、マザー・マルタは彼女たちをねたみ、恨んでいたらしい。自分こそが大公女クセニアの世話係でありたかったのだろう。祖母の死後、マザー・マルタがどうなったのかは誰も知らない。葬儀が終わり、一族が教会から出たときには、彼女の姿は消えていた。マザー・マルタのその後はまったくの謎だ。

＊　＊　＊

いとこのアレクサンドルはわたしの母とも仲がよく、祖母が亡くなったあと、週末はよくわが家に滞在していた。彼の大親友、ポール・ゲティは、石油王でありながら、極端にケチなことで有名だった。いとこは当時ゲティが住んでいたサリー州のマナーハウス、サットン・プレイスにたびたび滞在していたが、夜間は屋内の廊下を番犬がうろついていて、ゲストたちは寝酒を求めて部屋を出ることもできなかった。ウイスキー好きのいとこは、グラスで一杯やりたいと思っても、消灯後は寝室から出るに出られず、いらいらさせられた。電話さえ、ゲスト用には公衆電話が設置されているありさまだ。そこで、いとこはゲティの留守を見計らって彼の部屋に忍び込み、ベッド脇の電話をこっそり借りた。ゲティの吝嗇ぶりはとことん徹底していた。

一九六〇年代には、ロシア皇帝ニコライ二世の娘アナスタシアを騙り、エカテリンブルクの処刑を免れたと主張するアンナ・アンダーソンのことが、よく家族の話題にのぼった。父はそのことについていろいろと言っていた。父曰く、アンナ・アンダーソンは頭のおかしなペテン師で、われわれとはなんら関係ない。彼女はいかさま師だ。

いとこのアレクサンドルは彼女に会いに行き、すぐに偽者だと見破った。ロマノフ家の者たちは全員、歯形と耳形を採取されており、そのどちらもアナスタシアのものとは一致しなかった。「それよりはるかに重大な違いは、アンナ・アンダーソンは美しくない。それにロシア語をしゃべれなかった」といとこが言っていたのを覚えている。ロシア皇帝の財産を横取りするための茶番だろうと、わたしの父は考えていた。アンナ・アンダーソンは皇帝の財産があるはずだと信じたのだろうが、むろん、そんなものはなかった。第一次世界大戦勃発時に、ニコライ二世はヨーロッパの銀行にあった財産をすべてロシアに戻すよう命じていたのだ。

当時のわたしはまだ子どもで、アナスタシアの僭称者騒ぎにはなんら興味を覚えなかった。わたしの頭にあったのは、もっぱらポニーと馬のことばかりだった。

＊＊＊

初めてポニーにまたがったのは三歳のとき、ティッカム・ハントの狩猟大会でだった。母はポニーを「お試し」でわが家へ連れてきたものだ。大切な一人娘に何かあったらと心配し、もしもポニーが蹴ったり、跳ねたり、とにかく何か問題を起こしたら、送り返すのが常だった。そして、わたしは次の日になるまで知らされもしなかった。

例外はリンダという気の優しいシェトランドポニーだ。ノーマン・セルウェルの漫画に出てくるポニーにそっくりで、どっちが頭でどっちがお尻かすぐにはわからない。リンダは長いことわが家にいたが、ひづめの炎症が悪化して処分された。わたしは殺処分されたリンダが足を上にされ、犬の餌にするために犬舎へ運ばれるのを眺めた。わたしはたくましい子どもで、ショックは受けなかった。

リンダが家にいた頃のおかしなエピソードを思い出す。母が、友人や地元の名家の奥様など、女性ばかりを招いて昼食会を開いたときのことだ。わたしはまだ五歳ぐらいだったため、席につくことは許されなかったが、食後のコーヒーのときに挨拶をするよう言われていた。

その頃の女性たちは昼食にも帽子を着用し、そのいくつかは実に華麗だった。ゲストの一人はレディ・ハリスという美しい女性で、ファヴァシャムにほど近いベルモント・パークに住む有名なクリケット選手の義理の娘だった。コーヒーが出され、わたしは年老いた庭師と二人でポニーを広間へ連れていくと、テーブルを回ってゲストに挨拶をした。レディ・ハリスは春の花で彩られた帽子をかぶっており――リンダはむしゃむしゃと花を食べ、帽子まで口にくわえて取ってしまった。レディ・ハリスの仰天した顔といったら。

＊＊＊

プロヴェンダーにはたくさんの動物がいた。わたしが子どもの頃には、五センチもの蹴爪がある闘鶏が五羽いて、おんどりと三十羽ほどのめんどりと一緒に庭で放し飼いにされていた。第二次世界大戦前、母は闘鶏を繁殖していた。戦わせるのが目的ではなく、繁殖しやすくて滋養豊かな卵を産み、その上、肉がおいしいからだったと思う。

屋敷の裏手には繁殖用の大きな鳥舎が立っていた。二階建てで、前面の地面はコンクリートで覆われ、全体を金網で囲われている。実際、おままごとの家具を運び込んで、中に置くことができるほど広かった。そこでわたしはニワトリの調教を始めた。大きなニワトリを椅子の上にのせ、人形用のカップに入れた餌を出すのだ。するとニワトリたちはお行儀よく食べてくれた！　小さなわたしの言うことを、大きなニワトリたちは本当によく聞いてくれた。

そのうちの一羽、めんどりのスザンナはわたしのペットになった。教育係と午後の散歩に出かけるときには、スザンナをショールにくるんで人形用の乳母車にのせ、一緒に連れていった。スザンナは毎日欠かさずに卵を一つ産んでくれるのだった。

ある日曜日、昼食に鶏肉が出された。わたしはおいしく食べたあと、スザンナを探しに行ったが、姿がない。わたしは庭師に尋ねた。「ミスター・モス、今日のお昼に出たニワトリはどれだったの？」すると彼が首を絞めたのはスザンナだとわかった。わたしは自分のペットを食べてしまったのだ。

幸い、前述の通り、わたしはたくましい子どもだ。田舎に住んでいると、そんなことでめそめそしてはいられない。人生の現実として、ただ受け入れるようになるものだ。

ヤギは雑草を食べて役に立つだろう。そう考えた母は、運転手と大型自動車を手配し、森の真ん中でヤギに囲まれて暮らすとても風変わりな女性のもとを訪ねた。メスのヤギを二頭に子ヤギを一頭、若いヤギを一頭に、乳離れしたばかりのものも一頭選び、車に乗せて帰宅した。

ヤギはいやと言うほど糞をするというのに、母はどこで飼うかはまったく考えていなかった。家の中に入れると、ヤギたちは好き勝手に走り回り、階段をあがったりおりたりして、行く先々に糞を落としていった。翌日、母はヤギをすべて返却した。

父が屋敷の前庭で放し飼いにしていたガチョウは、優秀な防犯アラームだった。とりわけ大きなオスが一羽いて、首を伸ばすと、わたしと身長がさほど変わらなかった。ある日、そのガチョウがわたしに襲いかかってきた。わたしはワンピースを着ていて――今もワンピースが嫌いなのはそのトラウマもあるのだろう――ガチョウはわたしのお尻をめがけて飛びかかり、肉をつかんで体ごとぐいとねじった。お尻がちぎれたかと思うほど痛く、わたしは悲鳴をあげ、お尻には大きなあざができた。

ニワトリとガチョウのひなの世話は父の役目だった。ひな専用の飼育場があり、父は小さなひなを上手に育てていた。動物や子どもに対して父はとても根気強く、すばらしい養育者だった。わたしを連れて森へ行き、小枝を拾い集めて、かわいらしい小さな小屋を作ってくれた。それをたくさん並べて村にし、わたしが眺めたり、遊んだりできるようにしてくれたものだ。泥でパイを作り、家に持ち帰って、オーヴンで焼いたこともある。

父はドールハウス用に木彫りの家具も作ってくれた。そっちは無駄になってしまったが。わたしはお人形遊びが大嫌いだったのだ。わたしが好きだったのは鉄砲や兵隊、要塞に農場だ。

わたしは完璧なおてんば娘だった。

＊＊＊

わたしが生まれるずっと以前に、父が作った木彫りの作品がある。一見すると、ただの暖炉の囲い格子のようだが、よくよく見るとカーマ・スートラで描かれている男女の姿があちこちに彫り込まれている。それがわたしの父だ。父は人とは違ったユーモアの持ち主なのだ。

わたしの養育に関して、父は人任せにすることはなかった。そのことに、わたしの異母きょうだいたちは軽い憤りを覚えていたように思う。彼らの幼少期はわたしのそれとはまったく異なり、忙しい父は育児を乳母任せにした。当時の親は、子ども部屋で過ごしたり、わが子と遊ぶことはなかった。そういうことはしないものだった。一方、父はわたしの子ども時代を通して、常にそばにいてくれた。

父はわたしを甘やかしたが、母はきわめて厳格だった。悪いことをすればお尻をぴしゃりと叩かれた。父がわたしに手をあげたことは一度たりともない。父が怒っているときはわかった。声音が変わり、肩をすくめてにらみつけてくるのだ。けれども、そこにはどんな形であれ、攻撃的なところはなかった。

両親ともに歳が行ってから生まれた子どもだったため、わたしは年配の人たちに囲まれて育った。わたしが生まれたとき、祖母のシルヴィアは八十代だったが、わたしはなんの違和感も覚えなかった。友人たちの祖父母とは比べなかったのだ。

＊＊＊

ロンドンへ出かけるときの母は、目を見張るほど華やかに着飾っていた。おとなしく言うことを聞かないとアイス・ブルーの目でにらみつけられるので、とても怖い存在でもあった。ランチやアフタヌーンティーにはよくリッツ・ホテルを訪れていた。その頃は、アフタヌーンティーといえば、リッツの〈パーム・ルーム〉と決まっていた。非の打ち所のない場所だったが、のちには観光客向けにテーブルを所狭しと詰め込むようになった。以前は噴水の下に黄金色の水槽があり、中で魚が泳いでいた。幼いわたしはお尻を突きだしてのぞき込み、魚をつかまえようとしたものだ。ある日、すてきな給仕長がわたしの母に声をかけた。「そろそろお嬢様に釣りの許可証を発行いたしましょうか?」

ロンドンへは必ず乳母もついてきた。あるとき、わたしは落ち着きがなく——まわりが退屈な大人ばかりだったのだろう——母は乳母に命じてわたしを連れださせた。化粧室にはとても大きなソファがあり、乳母はそこに腰をおろした。退屈だったわたしはソファの上で飛び跳ね——最後はスプリングを壊してしまった。

母は常に先頭を歩くのを好み、わたしたちには、「三歩うしろを歩くのですよ」と言ったものだ。母は父にもそう言ったのだ――わたしの父はロシア公《プリンス》だというのに！

小さかった頃はハロッズとフォートナム＆メイソンへもよく連れていってもらったが、ここでも自分をわきまえなければならなかった。当時のフォートナム＆メイソンのきらびやかさは息をのむほどで、おもちゃ売り場はハロッズのそれよりも魅力的だった。いつも立ち寄っては、おもちゃをあれこれ眺めるのだが、夢中になって走りだそうとすると、母の腕が伸びてきてわたしを制止した。「わたしのうしろを歩きなさい！」本当に気むずかしいところがある人だったけれど、わたしが成長してティーンエージャーになると、母もそこまでひどくはなくなった。それに、自宅にいるときはもっと気楽にしていた。

＊＊＊

わたしが九歳の頃、母はケント州のシッティングボーンにあるカトリックの女子修道院へわたしを通わせ、勉強をさせてはどうかと考えた。近所の女の子はたいていそこへ通っているので、いい考えだと思ったのだ。

母は修道女たちにわたしの筆記帳を見せ、クラスに入るのに問題はありませんねと言われた。本当は、問題はないどころではなかったのだが。

クラスの初日、わたしはさえない茶色の制服に身を包み、ティーポットの蓋みたいな帽子を深々とかぶらされた。帽子には黄色い文字で修道院の名前が入っており、制服はシャツとチュニックにブレザー、白いハイソックスに、これまたさえない茶色の靴、それに肩掛け鞄でひと揃いになっていた。母は授業が終わってわたしを迎えに来ると、「つぶれた牛の糞みたいだわ」と言った。

その日、わたしが教室へ行くと、クラスを受け持っている修道女は、まずわたしにあれこれと質問した。よほど頭の悪い子どもだと思われたらしく、彼女はわたしの机だけ前に持ってゆき、教壇の横に並べた。そしてクラスの子どもたち全員と向き合うように動かしたのだ！

実は、最初に提出した筆記帳は、わたしの教育係が何から何まで手伝って書かせたものだった。彼女はわたしが利口に見えるようにと全部やってくれたのだが、結果として、何も教えずじまいになっていた。

それまで、わたしはいじめというものを知らなかった。修道院の庭で自分より少し年長の女の子たちに取り囲まれて、はやしたてられたのを覚えている。「公女《プリンセス》ってどんな気分？」本当に意地悪な子たちだったが、温室育ちのわたしには何を言われているのかさっぱりわからなかった。学校内でのいじめはどうにかすべきだと今でも思う。

その後、わたしは百日咳にかかった。母がばい菌を恐れてわたしを病人に近づけさせなかったため、それまで子どもがかかりやすい病気にかかったことは一度もなかった。なお悪いことに、母にも百日咳をうつしてしまった。あれほど激しい咳の発作に見舞われたとは気の毒に！二人とも重症だった。幸い、わたしは割とすぐに回復した。

夏学期から通学しはじめ、病気になったのは三、四週間ほど経ったところだっただろうか。その後は、わたしを通わせたのは大きな間違いだったと誰もが気づいた。

そういうわけで、わたしがクラスへ戻ることはなかった。

第四章

ケント州のおてんば娘

修道院でのさんざんな体験のあと、わたしの両親は実際に娘を教育できる家庭教師を探す必要に迫られた。自宅から数キロほど離れたところに住んでいる友人には、イヴォンヌという頭がとてもいい娘がいた。その子は学校へ通っていたが、途中から自宅で学ぶホームスクーリングに切り替えていた。彼女の家庭教師になったミセス・エバットは元学校教師で、わたしの母は彼女に頼み込み、わが家でも教えてもらうことになる。九歳から十六歳になるまで、わたしは彼女から勉強を教わった。

一日のスケジュールは一般の学校と変わらない。八時四十分にミセス・エバットが到着し、九時きっかりに授業開始。十一時から十五分間の中休みを取り、十二時半に厨房へおりて昼食。午後は一時半から三時半まで授業が続く。

カリキュラムは保護者のための全英教育組合《PNEU》という団体のものに従った。十九世紀末に設立された団体だが、現在は存在しないようだ。

PNEUは、インドの茶園主やアフリカのコーヒー園主など海外居住者の子弟が、イギリスへ戻って寄宿学校に入る年齢に達するまでの学習を支援する目的で誕生した。家庭教師は、PNEUが定めた学習課題に沿って授業を行う。各学期の終わりには次の使用教科書リストが送付され、次学期に間に合うように注文し、学習計画を進める。すべてセットになっており、PNEUのテキストや問題集には、飛翔するツバメのマークが入っていた。

夏学期の終わりには試験を受けた。問題用紙もPNEUから送られ、試験にかける時間は決まっている。ミセス・エバットは問題と解答用紙を与えて、三十分でやるよう言うと――一時間だったかもしれないが――自分は退室する。ところが、わたしの頭の中にはポニーと馬のことしかなかったため、作文ではそのことばかり書いていた。

あいにくながら、ロンドンへ解答用紙を送る前に母のチェックが入った。ひたすらポニーのことばかり読まされては試験官が気の毒だと考え、母はわたしに作文を書き直させた。

母はわたしの字の書き方にも注文をつけた。わたしが習っていたのは、曲線がくるりと大きな弧を描く華やかな書き方だ。たとえば「M」なら、書き始めと書き終わりがくるくると輪になり、「F」は右側ではなく左側を向いている。そして「Y」と「G」にも、それぞれ書き始めに大きな輪がくっついていた。

解答用紙をチェックしながら、母はミセス・エバットに向かってわたしの字のあらをあげていった。「これは見苦しいわね。ここは書き方が雑でしょう。それにこの部分はなんてひどい字なの。娘にきちんとした字を教えてちょうだい」。こうしてわたしは十歳にして一から書き方を学び直し、母が気に入るような字を書かなければならなくなった。いまだに悪筆なのはきっとそのせいに違いないと思う。

ミセス・エバットは流暢なフランス語を話したが、わたしに教えるのには苦労した。わたしのフランス語ときたらひどいもので、その上、まるで興味がなかった。もちろん、今では勉強しなかったことを悔やんでいる。語学の学習には忍耐力が必要だ。

＊＊＊

父は五カ国語を話した――ロシア語、イタリア語、フランス語、英語それにドイツ語。けれども、父はどの言語も話すのがへただと人から言われたことがある。それは事実とは言えない。父は正しい英語をしゃべったが、強烈な外国語なまりがあるため、何語を話しても同じに聞こえるのだ。これは父の親族に共通する話し方の癖だった。ロマノフ家の男は五カ国語をしゃべりながら、どれも意味をなさないと言われたものだ！

父のきょうだいがプロヴェンダーを訪れた際には、きょうだい間ではロシア語のみが使われた。お互いへの手紙もロシア語だった。母もわたしもロシア語はさっぱりなので、二人はただ座って聞いていた。慣れていたからそれでかまわなかった。祖母のクセニアは、ほかの人が同席しているときは英語で話した。アママは礼儀正しく、わからない者がいるのにロシア語を話すことはなかった。だが、ロマノフ一族だけのときは、みんなロシア語だ。父は母とわたしとは英語で会話をするが、夢を見るときはロシア語だと言っていた。

父の姉、ティティおばがわが家に滞在していたある日、トリー・ヒルと呼ばれる美しい地所に友人を訪問することになった。地所内には線路がめぐらされ、本物の小型蒸気機関車まであった。みんなで汽車に乗り込み、トンネルを抜けて地所をぐるりと一周した。戻ってきたところで、誰かがティティおばに尋ねた。「お気に召しましたでしょうか、公女《プリンセス》?」「それが――」。ティティおばは言った。「目に煤が入ってしまいまして」。痛みがひどく、おばは地元の病院へ行って、目を洗浄しなければならなかった。

ティティおばのことは大好きだったが、夫のフェリックス・ユスーポフ公には一度も会わせてもらえなかった。わたしの父は、ユスーポフ公がラスプーチン殺害に関わったことを最後まで許さなかったのだ。

若き日のユスーポフ公に女装癖があったことはよく知られている。一度などは、自分の兄にエスコートされて女装姿でパリのオペラ座へ行っている。その姿があまりにも魅力的だったため、イギリス国王エドワード七世の目にとまった。あの「可憐な若い女性」を紹介するよう国王に求められ、慌てて兄と逃げるはめになったそうだ。

その後もユスーポフ公は女装して、ナイトクラブで歌手の仕事に就いている。だが、人気歌手として花開く前に、母親の友人から、ユスーポフ家の宝石を身につけているのを気づかれてしまった。この一件はそのあともみ消されている。

歳を取ってからも、ユスーポフ公が顔に厚化粧を施していたのは周知のことだ。彼が愛用していたのは、マックスファクターのスティックタイプのファンデーションだと思う。わたしも十四歳ぐらいの頃によく使っており、母からにらまれたものだ。

母は初めてユスーポフ公に会ったとき、ちょっとしたいたずらを思いつく。たまたま同じ時にリッツ・ホテルにいたそうで、母は挨拶をする前にまず化粧室へ向かい、真っ赤な口紅を唇に塗りたくった。そして、ユスーポフ公に紹介されると、彼の両頬にキスをしてキスマークをべったりとつけたのだ。ユスーポフ公も気の毒に、紳士用トイレへ行って、母の口紅と自分の化粧を落とすのに長い時間がかかった！　彼が母を嫌うようになったのは無理もないことだろう。

＊＊＊

それから何年もあとのこと、わたしは、ユスーポフ公が「ベイビー」と呼んでいた娘のイリーナと、アテネで一緒に過ごした。彼女の美しさは神々しいほどだった。彼女の娘、「プントカ」と呼ばれているクセニアと、その夫のイリヤも同じ屋敷に滞在していた。八月のとても暑い日で、わたしはビキニ姿になって庭で横になっていた。するとプントカが慌てて飛びだしてきた。「なんて格好をしているの。イリヤに見られるかもしれないでしょう！」彼女は怒った声をあげ、わたしに服を着させて教会へ引っ張っていった。

父の弟たちの中で一番の男前はフョードル公だろう。彼はフランス在住で一九六八年に結核で病没している。結婚し、ミハイルという息子がいたが、その彼も今では鬼籍に入った。なぜかわたし自身はフョードル公には会わずじまいだった。

息子のミハイルには一度だけ会った。彼は長年映画業界にいて、イングリッド・バーグマンがユル・ブリンナーと共演した映画、『追想』〔原題は『アナスタシア』〕の制作にも関わっている。そのときはハンプトン・コートのウィルダネス・ハウスで、祖母クセニアの部屋を写真に撮ってくるよう頼まれたそうだ。映画の中で皇太后が亡命後に住んでいる部屋は、その写真を参照している。

父の三番目の弟ドミトリー公は、二人目の妻シーラとロンドンの高級住宅街、ベルグレイヴィアに住んでいた。地下に厨房がある、四階建ての瀟洒な屋敷だ。ペットとして飼っていた白ウサギはトイレのしつけがきちんとできていて、厨房にあるオーヴンの横を寝床にしていた。

各階には猫用のトイレが置いてあり、白ウサギは自分でそこまで行っては用を足した。本当にかわいい光景だ。

ドミトリー公夫妻も、その友人たちも大酒家だった。屋敷で昼食会や晩餐が催されると、酔いが回ってダイニング・ルームからふらふらと出てきたゲストは、目の前で白ウサギがぴょんぴょんと階段をあがっていくのを目にし、ついに幻覚を見るようになったかと慌てたそうだ！たしかに、そんなウサギはほかにはいない。

どのおじたちにも子どもがいたが、イギリスに定住した者は一人もいなかった。みんな成人すると、現代ではすばらしいものごとすべての中心である、カナダかアメリカへ移住した。

＊＊＊

母はわたしを寄宿学校へは入れずに、自宅で教育した。そのほうが行き届いたしつけができると考えたからだ。「子どもが七歳になるまでわたしに預ければ、立派な子どもに育ててみせますよ」。これが母の口癖だった。

乗馬を教えてくれたのは、わたしの友だちイヴォンヌの父親だ。わたしの母はポニーよりは安全だろうと、アイリッシュ・ドンキーという種類のロバを二頭買い求めた。同じ通りに住んでいるわたしの一番の親友ヴィッキーは、茶色く大きなスパニッシュ・ドンキーを飼っており、ドロレスと呼んでいた。わたしのロバはバンビーノにジルという名前だ。馬具をつけていなかったので、ジルはどこへでもついてきた。ロバはのろまだとよく言われるが、実際はとても敏捷で、干草の俵などは軽々と飛び越える。わたしは友人たちとロバでレースをしていた。友人の家の庭師が障害競走用の柵を作ってくれ、高さはほんの三十センチほどだが、みんなで次々と飛び越えていった。

ほかにもちょっとしたサーカスをやっていた。ロバに頭絡だけつけて鞍はのせず、うしろから馬跳びでぽんとまたがり、そのまま裸足で背中に立って馬と曲芸をするのだ。本当にとても楽しい時間だった。ときおりわたしの母を招いて芸を披露したが、母は「まあああ、なんて危ないことを！」と言うばかりだった。

母はふたこと目には、「わたしにはたった一人の子どもですのよ！」と言い、わたしはヴィッキーの母親から、「うちには子どもが四人いるから、一人ぐらいどうでもいいと思っているのかしら？」とぼやかれたものだ。

母はかなりの過保護で子どもに自由を与えようとはしなかったものの、ときおりヴィッキーの家に一泊することを特別に許してくれた。わたしはそれが大好きで、ホームシックにかかったことは一度もなかった。夏休み中は、週末に友人たちのほうがプロヴェンダーに泊まりに来ることもあった。

わたしがまだ小さかった頃、ヴィッキーの兄の一人がわたしの前で「おなら」という言葉を使った。温室育ちのわたしは初めて聞く言葉で、早速使ってみると、母は真っ赤になって怒った。そして気の毒なヴィッキーの母親に電話で抗議した。「わたしの娘の前で子どもになんて言葉を使わせるんですか！」

母はわたしのことを心配ばかりしていたが、わたしは事故に遭いやすいところがあったようだ。ある日、ヴィッキーとわたしは太いロープを見つけて遊んでいた。二本の木に結びつけてぴんと張り、そのあとはいつものようにロバの背にまたがって駆け回った。ヴィッキーに続いて木々のあいだを走り抜けていると、さっきのロープが首に引っかかり、わたしは地面に転がり落ちた。皮膚がすり切れ、ロープで絞められたような痕が喉についてしまった。

母に見られたら大騒ぎになるのはわかっていたので、わたしは暖かい日なのにタートルネックのセーターを借りて、喉の傷痕が見えないようにした。けれど、その頃にはじんじんと痛みはじめていた。

夕方になり、母が迎えに来た。自宅に戻ると、母が問いかけた。「なぜそんなセーターを着ているの？」暖かい夜だったし、わたしはうしろめたそうな顔をしていたのだろう。母はセーターの喉もとを引きおろしてロープの痕を目にし、それから大騒ぎになった。

大至急来てくださいと医者を呼び、傷がばい菌に感染していないか、喉を痛めていないか、診察を頼んだ。喉に傷痕が残りでもしたら、「娘に良縁をつかませる」という母の計画は台なしになる。

結局、たいしたけがではないとわかったが、その後数日はヴィッキーと遊びに出かけるのは禁止となった。それがいつものおしおきだ。わたしがいたずらをしたり、母を怒らせたりすると、罰としてヴィッキーと遊ぶことができなくなるのだった。

ヴィッキーの家には飼い猫が四匹いた。家のまわりには倉庫や車庫がたくさんあり、あるときそこに野良猫が住み着いた。壁の隙間から猫の姿が見えるだけだったので、わたしはなんとか誘いだそうと片腕を差し入れた。すると、肘から手首までがりっとやられ——単に引っかかれただけでなく、深々とえぐられてしまった。このときも、家に帰ったわたしは母には何も言わずにいた。

帰宅する前に、ヴィッキーの乳母に傷を見せて、どうすればいいのと相談はしていた。彼女は腕を消毒して、手当てをしてくれたが、傷口は深く、家にたどり着いた頃にはずきずきと痛みが広がっていた。隠し続けることはできず、母に傷を見せると、案の定、大騒ぎになった。

ロバのあとは、ふたたびポニーを飼う許可がおりた。当時の鞍は使い心地が悪く、ニーロールと呼ばれる分厚い膝当て部分はなかった。現在のものとは作りがまったく違い、詰め物が入っておらず、膝が当たる部分は平らだ。わたしが教わっていた乗馬インストラクターは、十シリング札をわたしの膝と鞍のあいだにはさませていた。そうすることでほどよい圧力を膝にかけられるのだ。

乗馬そのものが今ではすっかり変わっている。昔は乗馬と言えば遠乗りのことで、快適さはほとんど求められなかった。けれども、わたしは馬場や近場での乗馬、とりわけジャンプやギャロップが大好きだ。

ポニー相手には、ロバとやったような曲乗りはしなかった。裸足で乗ることが減ったからだ。乗馬のレッスン中に裸足では、インストラクターににらまれてしまう。加えて、危険をともなうことはすべて禁止されていた。ジャンプのレッスンはなし。ポニー・クラブに参加することも、狩りに行くことも禁止。どれも危ないからと母に言われ、恨みに思ったものだ。乗馬のレッスンでも、速歩《はやあし》までしか走らせてもらえなかった。母が駆けよってきて注意するからだ。「速すぎよ！　速すぎよ！」

わたしだって、アドレナリンが駆けめぐる気分を少しは味わいたい。インストラクターから教えてもらえないのならと、友人たちと乗馬に出かけたときに、彼女たちからジャンプを教わることにした。農場のゲートなど、かなり高さのあるものも飛び越え、なんとか落馬せずにいられた。しかも、とても大きな馬だったのだ。自分の乗馬スタイルがどんなものだったのかは謎だ。

わが家にはそれぞれさまざまな時期に、馬にロバ、ポニーがいた。それにわたしは屋内でも動物たちにまたがっていたものだ。その頃の郵便配達員は、郵便物の配達に加えて、受け取りのためにもわが家まで来ていた。わたしは馬に乗って玄関から現れては、彼を仰天させていた。授業中も退屈すると、ミセス・エバットにこう言ったものだ。「お腹の調子が悪いみたい。トイレに行ってきます」。ゆうに三十分はトイレにこもったあと、屋敷の裏手に回り、馬を出してひと走りしてくる。戻ってきたときは、弱々しい声で報告するのだった。「どうにかちょっとだけよくなりました」。気の毒なミセス・エバットはわたしが何をしているか気づいていたに違いないが、決して文句を口にしなかった。

ある日、わたしは地面が硬い場所で大ジャンプをし、馬に脚を負傷させてしまった。手綱さばきが悪かったのかはわからないけれど、今でも罪悪感が胸を締めつける。母は購入元に馬を返した。そのあとわたしは乗馬をやめた……それもほんの数カ月間のことだ。

＊＊＊

母は若い頃は馬に乗っていたそうで、乗馬服姿で友人の大きな芦毛にまたがっている写真がある。いつか乗馬を再開しようとは思っていたのだろう。ロンドンの老舗帽子屋ロックへ行ってボーラー・ハットを購入しているし、ハンドメイドのハンティング・ブーツに乗馬パンツ（膝下がボタン留めになっていて、小さなホックがついている昔のタイプだ）も持っていた。いつか使うつもりだったのだろうけれど、母が狩りに行くことはなかったはずだ。それだけの度胸は母にはなかった。農道を何度か往復したり、ポニーに乗ったわたしと一緒に自分の乗馬姿を写真に収めたりするぐらいがせいぜいだ。乗馬服一式は戸棚行きとなり、母がふたたび身につけることはなかった。ブーツのほうは、美しい木製のブーツキーパーとともに、今もプロヴェンダーの玄関広間に置かれている。そのハンティング・ブーツはずいぶんと値が張る品物で——一九五七年当時でおよそ四百ポンドだ——しかし、その分、見事な作りだ。

父がわたしのポニーにまたがって帰宅した日のことを覚えている。十三・二ハンド、およそ百三十センチしか体高のないポニーに父が乗っているのは、とてもおかしな光景だった。母とわたしはうしろを歩き、背の高い父の脚が地面をこすりそうになるのを眺めた。ロマノフ家の男は長身ぞろいだった。

父はガンスミスという三輪トラクターを持っていた。おそらく戦後に入手したものだろう。重厚な造りで、トレーラーを牽引したり、畑を耕したりと、さまざまな用途に使用でき、父のお気に入りだった。父はよく連結したトレーラーにわたしとわたしの友だちを乗せ、地所内の農場をめぐったものだ。

トレーラーの上で飛び跳ねるわたしたちを牽いて、車両はのろのろと進んだ。シートベルトの着用などといった交通ルールがうるさく言われる前のことで、なんと楽しかったことか！　父は遊びというものを心得ていた。今では屋根さえなくなった倉庫の中で、トラクターは錆に覆われている。

＊＊＊

十二歳になると、わたしの友人たちはベッジバリーやベネンデン、リルズドンと、ケント州内の寄宿学校に入った。わたしも入学を希望していた。異母きょうだいたちは全員、イギリス内の寄宿学校へ進んだのだから、当然そうするものと思っていた。しかし、わたしの母は寄宿学校にまつわるいやな思い出を抱えていた。

母は八歳のとき、小説『トム・ブラウンの学校生活』に出てくるたぐいの厳格な寄宿学校へ送られている。教師たちは酷薄で、八歳の生徒でも、重たいバケツを運ばされた。階段をあがるときは、磨いてあるのが汚れるからと、手すりを触ることは許されず、階段の中央を歩くことに決まっていた。寄宿舎には暖房設備はなかった。室内はあまりに寒く、母は足先と指がひどいしもやけにかかり、包帯を巻いていた。毎夜、生徒たちはベッドの中でできるだけ体を丸め、両手を脚のあいだにはさんで温めようとした。すると年配の寮母が見回りにやってきて、自慰に耽っていないか確かめるために、毛布を引きはがしてしまうのだった。寄宿学校での暮らしはあまりにひどく、もしも自分に子どもができたら、絶対にあんな地獄へやるものかと、母は心に誓っていた。

実際には、寄宿学校も母の時代からすっかり様変わりし、かつてのような拷問小屋ではなくなっていたのだろう。母は家で家庭教師に勉強を見させるのは、娘の幸せのためだとずっと信じていた。教育のことなら妻は誰よりもよく知っていると、父は母に任せきりにしていた。母はなんにもわかっていないことに父は気づいていなかったのだ。それに父は宮殿育ちで、父のいとこたちも同様だったため、十二歳になっても学校へ行かないのを変だとは思わなかったのだろう。父は本当に世間離れしていて、気楽な性格だった。

＊＊＊

屋敷に残ったわたしは、農家の息子たちの仲間に加わった。もちろん、母からは彼らと遊ぶのを禁じられていた。七歳ぐらいのときに、わたしはこんな質問をして、母にショックを与えている。「男の人が女の人の体に突っ込むものってなあに？」わたしは農家の子どもの一人から、男女のことについて聞きかじったところだった。よく池のほとりに集まり、みんなで筏や小舟を作ろうとしたものだ。

大きくなるにつれて、別の農場の少年たちとも親しくなった。トラクターを持ちだして農場でレースをし、古いトラックでドライブへ行った。少年たちは近隣からだけではなく、何キロも離れたところから集まってきた。親同士が知り合いで、車で送ってもらっていたのだ。みんなでずいぶんと面倒を起こしてしまうのだが。

紅一点だったわたしは、自然とグループのリーダーになっていた。本当に楽しく、わたしが少年たちのグループに混じっていることは誰も知らなかった。母にも気づかれなかった——警察が来るまでは。

わたしたちは、いつものようにトラクターでレースをすることにした。車庫のドアは蛇腹式になっており、その日はたまたまプラウと呼ばれる鋤状の農耕機具が取りつけられたままになっていた。ドアがそれに引っかかり、めりめりと引きはがされてしまった。その責任はわたしが取った。何もかもわたしが悪いということにした。友人たちが困るのがいやだったからだ。

母がインフルエンザで寝込んでいると、大柄な地元の警察官が部屋までやってきて、お宅の娘さんが農家の車庫を壊したんですがと報告した。母は恥ずかしいやら、戸惑うやらで、わたしに問いただした。「そんなでたらめをどうして言ったの?」

「でたらめじゃなくて、本当だからなの」

そのあとの大騒ぎは思い出してもげんなりとする。車庫の修理代は母に払ってもらわねばならなかった。

車庫を壊された家の友人とは、今も親しいつきあいが続いている。彼は、わたしが幼い友人たちと――今度は女の子たちだ――リンゴ用の木箱で遊んでいたのを覚えているそうだ。大中小で重ねられる木箱をひっくり返して積み重ねると、お城のできあがりだ。果物を箱詰めするときに一緒に詰める麦わらも、俵にして置いてあり、こっちのほうが倒れにくいので、外で積みあげ、大きなお城を作ったものだ。ただ、置きっ放しにしてしまい、雨に濡れて使い物にならなくした。

振り返ってみると、かなり危険な遊びだ。俵の下敷きにでもなれば、子どもはぺちゃんこだ。それでも、楽しかったのは否めない。

わたしはずいぶんと孤独で、変わっていたのかもしれないが、そういうことには自分では気づかないものだ。十六歳ぐらいの頃には、よく母にこう言っていた。「わたし、男の子でなくて本当によかった。だって、男の子だと、こんなに楽しくないでしょう」。母はその考えが気に入らず、二人でいつも言い合いになった。もしもわたしが男の子だったら、母もあれほど過保護にならず、もう少し自由にしたのだろうか。

＊＊＊

十歳になった一九六〇年頃から、わたしは友人たちと一緒にダンスのレッスンを受けることを許された。常にスーツ姿で現れるミスター・ウォールがわたしたちのダンスの先生だ。彼は奥さんとペアを組み、あちらこちらで社交ダンスのエキシビジョンをしていた。奥さんのドレスはお尻にメレンゲがくっついたようなデザインだった。

週に一回、大広間でレッスンが行われた。リッキー・ネルソンの『ハロー・メリー・ルー』に合わせて、ジャイブを踊ったのを記憶している。わたしはロックンロールのステップはどうやっても覚えられなかったが、ワルツにクイックステップ、チャチャを学んだ。

それとは別に、客間でバレエのレッスンも受けていた。小さかった頃にいつもポニーにまたがっていたせいで、ひどいがに股になっていると、母が言いだしたのだ。がに股の娘では結婚市場に出してももらいてがない。

バレエは両脚をまっすぐ伸ばしてつま先立ちをするため、がに股の矯正に最適だ。数年ほどバレエの先生に指導してもらったおかげで、わたしの脚はまっすぐになった。当時はバレエダンサーと言えば背が低く、わたしは十二歳になったときには先生の身長をはるかに超えていたので、あきらめなければならなかった。ああ、よかった——本当は大嫌いだったのだ！　それと入れ替わりに、音楽を習うことになった。

母の妹パメラは音楽学校のピアノ科を出ている。彼女の演奏は芸術的で、実にすばらしかった。母は自分もピアノはかなりの腕前だと言っていたが、怪しいものだ。とにかく、若い女性はピアノぐらい弾けるものだと、母はわたしに習わせることにした。

このシーナ・ニームというとても魅力的な女性は、ビールの醸造業を営んでいる家の一員で、わたしにピアノを教えるためにやってきた。五本の指を別々に動かせるようになるまでに、ずいぶん時間がかかった。というのも、はっきり言って、わたしは関心がなかったのだ。楽譜を開いて椅子に座り、先生から練習曲を習ったら、次回のレッスンまでにきちんと弾けるようにする——それが先生の求めていたことだったのだろう。

けれども、わたしにはそんな気はなかった。一人になるとさっさと楽譜を片付け、ポニーに乗りに出かけていった。そっちのほうがよっぽど楽しい。練習しなさいと、わたしに強制する人もいなかった。わたしはピアノのレッスンなんて時間の無駄だと思っていたし、そもそも洗練されたレディになるつもりはなかった！

最終的に、気の毒なシーナはわたしの母にこう言った。「申し訳ありませんが、時間とお金の無駄のようです。お嬢さんには才能もやる気もなく、わたしがお役に立てるとは思えません」。それでピアノのレッスンはおしまいとなった。万歳！

＊　＊　＊

祖母のクセニアの死後、父は亡命ロシア正教会でロマノフ一族の筆頭となった。わが家では毎年、英国国教会のイースターに加えて、ロシア正教会の復活祭も祝う。復活祭はロシア正教会で最も大切な祝祭だ。

ロシア正教会の復活祭では、父は小さな木や宝石で作られた小さなエッグをいつもプレゼントしてくれた――残念ながら、ファベルジェのエッグではないが。ロシアの宮殿にいた頃、父の一族はファベルジェのエッグをお互いに贈り合い、ネックレスにつけてさげていた。そうやって毎年一個ずつ増えていくのだが、わたしが持っているのは二十個ほどだけだ。そのうちいくつかは父の手作りだ。木彫りのものや、父が小石を見つけて着色したものもある。どれもとてもかわいらしく、わたしは復活祭の時期になると、すべてをネックレスに通して、首に飾っている。

わたしたちはエンペラーズ・ゲートにあったロシア教会へ行っていた。この建物は英国国教会の所有物だったため、ずいぶん昔になくなっている。運転手がハンドルを握る母の車に乗り込み、わたしたちは向かった。母の知り合いの婦人科医が教会の隣に住んでおり、まずそこに立ち寄って、ルーフガーデンで一杯楽しんだあと、礼拝へおもむく。

両親とわたしは、大祭壇が置かれている内陣の仕切りの脇で、会衆には横顔を向けて立ち、火を灯したロウソクを持った。頭上には大きな通路があり、そこへ上がって礼拝に参加できるようになっていた。今では大目に見られるが、その頃は礼拝中に腰掛けるものではなかった。

上の通路にいる人たちも火のついたロウソクを持っており、溶けた蝋が上からぽたぽたとわたしの顔や服に落ちてきた。熱くて顔をしかめると、母に叱責された。母はしゃべっているのがわからないよう、唇を動かさずに話す特技があった。「我慢なさい！　みっともない！　にっこりしているんです」

復活祭の礼拝には、白か淡い色の服を着ることになっている。わたしはパステルカラーのすてきなコートを、母は黄色のコートをまとっていた。ところが礼拝が終わったときには、頭上から落ちたロウソクがあちこちに付着して、どちらも水玉模様に変わっていた。

礼拝のあとはロンドンのフィリモア・ガーデンズにあるクレインミヘル伯爵の屋敷で盛大な祝宴が待っている。頬が落ちそうなクリーチに――この伝統的な復活祭のパンは白いアイシングの上に「キリストの復活」を意味するXBの文字が記されている――クリームたっぷりのお菓子、パスハを食べた。クレインミヘル伯爵はロマノフ家の古くからの友人で、祖母クセニアの相談役の一人でもあった。

＊＊＊

父は食べるのが好きだったが、十二指腸潰瘍を患ってもいた。治療をして、五十代の頃には完治していたものの、ソースなどのこってりした料理は苦手で、手際よく調理された簡素な料理を好んだ。

　プロヴェンダーの厨房は父のテリトリーだった。ふだんの昼食と夕食は父が腕を振るった。父が留守のときは、毎日通いで来ていたメイド兼清掃人のアイヴィーが代わりに厨房に立つ。彼女はとてもいい料理人だった。

　父は子どもの頃、宮殿の厨房で働くフランス人の料理人たちを、特に、一家が旅行へ行くときも同行した一人をよく眺めた。さっと火を通すだけの健康的な青野菜の調理法がはやるはるか前から父はそうしていた。それにフィレステーキは薄く叩き伸ばし、フランス料理でやるように手早く焼いた。

　母も手料理をふるまうことはあったが、テレビの料理番組『トゥ・ファット・レディース』の調理風景に少し似ていて、「生クリームを少々」は、たっぷり二カップ分、「バターをちょっぴり加えましょうか」はバターを丸ごとといった具合で、とにかくこってりしていた。母はすばらしいロブスターテルミドールや似たような料理をこしらえた。あれはつくづく絶品だったと思う。

　厨房は父の喫煙場所でもあった。デュ・モーリエという銘柄のタバコを吸っていた頃は、オレンジ色の箱をメロンの種入れにしていたものだ。その後はエンバシーに替え、こちらはひどく強いタバコだった。箱にポイントが入っていて、父はそれをためていろいろな品物をもらった——変な柄の皿、変な柄のタオル、手押し車——それでも父は得意げだった。一九七〇年にわたしが扁桃腺を切除するまで父は喫煙し、わたしは吸い続けたのに、父はやめた。

わたしは十一のときからタバコを吸っている。十五になると、両親の前でベンソン＆ヘッジスを吸うことを許され、人前で吸う許可がおりたのは十七のときだ。妊娠中は毎回禁煙し、出産後、母乳を与えて二、三週間もすると、ふたたびタバコに手を伸ばした。わたしの長男にこのことを話すと、なんて無責任な母親だとあきれられた。長男はタバコを吸わず、これまでも喫煙の習慣はない。

母はタバコのにおいを嫌った。父は料理中に、くわえタバコでソースをかき混ぜることがあり、タバコの灰が鍋に落ちる瞬間をごくたまに母に目撃された。母の怒りようときたら！　喫煙はよしとしない一方で、母はタバコの煙には殺菌作用があると信じていた。

当時の映画館では、館内で上映中にタバコを吸うことが許されていた。母とわたしはさまざまな映画を観に行ったものだ。中でも心の中でひときわ鮮明によみがえるのは一九六三年公開の『トム・ジョーンズの華麗な冒険』で、十三歳の子どもに見せるには刺激が強すぎる内容だった。主役のアルバート・フィニーはうっとりするような甘い顔立ちだ。たしかその映画は二度観たと思う、そして母は上映中ずっとタバコを吸い続けた。きちんと吸ったわけではない。吸い込まずに、単に煙を吐きだした。自分のまわりの煙が細菌を殺すと考えていたのだ。

厨房には大きなテーブルがあり、片側にはベンチが、反対側には椅子が並んでいた。昼食は毎日そのテーブルについて食べた。わたしを呼ぶとき、父は口笛を吹き、母は「オリガ！」と声を張りあげた。

客が身内だけのときは食事は厨房で取り、それほど近しくない親戚が来たり、母が派手なおもてなしをする場合には、ダイニング・ルームが使用された。わたしは十二歳になるまで正餐の席に着くことを許されず、その年齢に達すると、身のふるまい方を学ばされた。

十歳かそこらになるまで新聞を読むことは禁止される一方で、かなり早くから両親の友人たちの輪に加わることを求められた。父はいつもわたしを「ベイビー」と紹介した。オリガとは決して呼ばず、常にベイビーだ。そうやって小さな頃から大人たちと交わっていたおかげで自信がつき、大人たちとくつろいで接した。人前で気後れすることや恥ずかしがることは一度もなかった。

一九五〇年代には、誰もがタバコの入ったケースを携帯し、訪問先ではジン・トニックを出されたあとにタバコを勧められたものだ。シガレット・ケースを渡されて客に勧めるのは、子どもであるわたしの役目だった。だいたいは両切りのシニア・サーヴィスか、プレイヤーズで、ヴィッキーとわたしは何本か失敬しては、ロバに乗って森へ行き、タバコを吸ってみた。両切りタバコの問題は、よく気をつけないと巻紙が下唇に張りつき、剥がすときに痛い思いをすることだ。それに、赤く腫れた唇を見れば、何か悪さをしていたのは一目瞭然だ！

わたしは最上のマナーを身につけるよう求められた。まわりへの声のかけ方に、会話の仕方を習得しなければならない。母はマナーにとても厳しかった。

「レディはいかなるときでもテーブルセッティングを心得ているものです」。母はよくそう言ったものだ。十二の頃から、わたしは銀製のカトラリー全部とテーブルマットを並べ、のりのきいたリネンのナプキンを司教冠の形に折っていた。テーブルマットには父の手で皇帝冠が描かれており、美しいものだった。残念ながら、どれ一つわたしの手もとには残っていない。

昼食会や晩餐の席で行儀が悪く、ゲストの相手がふじゅうぶんだと、母に叱られるときがあった。コースのひと皿目を食べるあいだ、自分の隣に座っているゲストのどちらか片方と会話をしたら、ふた皿目では反対側のゲストと話をし、次はまた隣と繰り返す……。それをしないでいると、母はわたしが「むくれている」と非難し、厨房まで連れていって、いやと言うほど腕をつねるのだった。

年老いた母は、わたしの娘に同じことをした。厨房でテーブルを囲んでいると、母はわたしの娘をわたしと勘違いし、腕をつねりあげたのだ。同じ年頃だった頃のわたしと、娘がよく似ていたせいだ。娘はすっかりおびえきってしまった。

マナーをしつけられていたのと同じ頃、トイレ掃除の仕方も母から教わった。「部屋が散らかっているのはかまわなくても、一階部分のトイレと洗面所はきれいでなくてはなりません。お客様は家のそういうところを見て、あなたを評価するんですよ。トイレと蛇口、シンクはいつもぴかぴかにしておきなさい」。そう母に繰り返し言われたものだ。これは人生でとても有用なアドバイスになった。

＊＊＊

機嫌がいいときの母は本当に楽しく、みんなを大笑いさせた。母は驚くほど気前がよく、そのせいで亡くなるときには無一文で借金を抱えていた。しかし、機嫌が悪いときは、母の気に障ることを何か一つ言うだけであのアイス・ブルーの瞳がすっと冷たくなり、まずいことになったのがわかったものだ。

たとえば、わたしが汚い言葉を口にするのはまだ許せても、「ええっ《ゴッド》！」などと口にするのは、母にとっては神への冒涜と同じだった。だから、「まあ、大変《オー・マイ・ゴッド》」などと言おうものなら、母のアイス・ブルーの瞳は凍りつくのだった。五歳ぐらいのとき、わたしは「しまった《ダム》！」と口走ったのを覚えている。

母はぎょっとした。それからこう言った。「ストロベリー・ジャム。そんなときは『ストロベリー・ジャム』と言いなさい。罰当たりな言葉を使ってはなりません」

七歳ぐらいの頃、わたしは家にいた庭師に向かって、「だめなおじさん《シリー・オールド・バガー》」を連発した。言葉の意味は少しもわかっていないのに、どこかで覚えたらしく、ふつかほどのあいだ、わたしは誰彼かまわず、「シリー・オールド・バガー」と呼んだ。

困り果てた母は、気まずそうにこう言った。「ちゃんとお聞きなさい。こういうことはあまり話すものではありませんが、牛が草原にいるのを見たことはあるでしょう？」わたしは、はいと答えた。「その、雄牛が雌牛にのっかることがあるのは知っていますね」。わたしはうなずいた。「獣姦《バガー》は、牛とそういうことをする人の意味ですよ」

母は決してあなどってはいけない相手だった。若い時分から、見くびられるようなまねは絶対に許さず、もしも不愉快なことをされたら、それ以後は人前であろうと相手を無視し続けた。わたしが子どもの頃、オーク・ルームで昼食会が開かれたときのことを覚えている。ゲストの中にはフランス人やベルギー人も多数混じっており、どういう会話の流れかはわからないが、エリザベス女王を支持しようという話になった。ベルギー人の一人は、自分は女王を支持しないと発言した――彼に女王を支持する理由があるだろうか？　すると母は椅子から立ちあがり、こう告げた。「わたしの家から出ていきなさい。二度と来てはなりません」。それが非礼を働いた者に対する母の仕打ちだ。母は家から出ていけとだけ命じた。

実のところ、そのベルギー人は数日後わが家を再訪して平身低頭し、母から許された。

母のファッションセンスは見事なものだった。あの頃はロンドンへのお出かけは特別なことで、きちんとドレスアップしたものだ。今ではそんなことは誰も気にしない。母のよそおいは常に完璧だった。わが家の庭にいるときは着古した服を平気で身につけていても、舞踏会やパーティーへ行くとなると、ぱっと華やかな姿になった。

父の正式な敬称は皇子殿下だが、式典を除けば父がそれを使われることはなく、殿下で満足していた。父はロンドンが苦手だったものの、ときおり母の機嫌を取るために、宮廷服を身につけて勲章を飾り、ロンドンの金融街《シティ》にある同業組合《ギルド》へ母を連れて出かけていた。父は生涯アンドレイ公であり、小切手にはロシア公アンドレイと記されていた。けれども、父が好んだのは田舎での静かな暮らしだ。

母はロンドンのホテル、ザ・ドーチェスターで数々のランチパーティーを開いた。このホテルは家族みんなのお気に入りだった。ザ・ドーチェスターにリッツ、クラリッジズは、わたしの人生のさまざまな場面に登場する。母はティーパーティーにはリッツを、ディナーパーティーにはリッツ・グリルを使っていたが、今はどこも変わってしまった。わたしの十四歳の誕生パーティーもそこで開かれた。もっとも、わたしより百歳は上じゃないかというようなゲストばかりで、お誕生会という雰囲気ではなかったが！

母は招待状や、面識のない相手からの書状を受け取ると、紙を指先ではじき、エンボス加工を施された文字や図柄のインクがはげ落ちないか確かめる癖があった。そうやって、差出人が上流階級に属する者であるかを――さらには裕福であるかを――チェックするのだ。その癖がわたしにもうつり、名刺や招待状をいただくと、印刷された文字をつい指で撫でずにはいられない。

＊＊＊

たまに母の気が向くと、フランスのオパール海岸に位置するリゾート地、ル・トゥケ・パリ・プラージュへ日帰り旅行に出かけた。名前は思い出せないが、ル・トゥケといえばことというすばらしいホテルがあり、頬が落ちるような料理を楽しめた。フェリーを使えば車で行って昼食を取り、街を散策して帰ってこられる。たまにビーチまで足を延ばすこともあった。

何度かそうした旅行をしたあと、母は娘をフランスの文化に触れさせようと思い立った。一九六二年のことで、十二歳のわたしはフランスの文化にはまるで興味がなかったのに、母はまずル・トゥケへ行き、そこからパリまで車を走らせることに決めた。十一歳になったわたしの友だちヴィッキーも一緒で、母の妹が嫁いだソンズ伯爵家の庭師、ミスター・ターナーはわが家の運転手を掛け持ちしており、彼とその妻、そして娘たちも同行した。ミスター・ターナーは母のハンバー・スーパー・スナイプを運転し、父はオースチン１１００のハンドルを握った。

誰がどこに座るかは順繰りに替えていった。

ル・トゥケのホテルは壮麗だった。ヴィッキーとわたしが泊まった部屋は、見たこともないほど豪華な浴室を備えていた。その両側の部屋をわたしの両親はそれぞれ一つずつ使用した。母はそのほうがよく眠れるからと、自分専用の部屋を求めた。

父は優れたギャンブラーだった。賭けのやり方を心得ており、ルーレットでは必ず勝利した。ル・トゥケでは母を連れてカジノへ行っている。

このリゾート地には美しいビーチがあるものの、干潮時には砂浜と海のあいだに埋設されている下水管が剥きだしになり、海に近づくことはできなかった。ヴィッキーとわたしはビーチにいるしかなく、風も強かったので、小さなテントの下で身を寄せていた。あまり楽しいものではなかった。一方、わたしの知らないうちに、父と母は競馬へ出かけていた。

その夜は母の友人で、夏のあいだル・トゥケの別荘に滞在していたジェリコ一家を訪問し、魚料理で有名なレストランへみんなで行くことになった。氷の上に貝を並べた大皿を注文し、わたしは生まれて初めて牡蠣を口にした。まろやかな味わいの虜になり、わたしとヴィッキーは夢中になって次から次へと手を伸ばした。

その夜、わたしたちは黄色いサテン地を基調とする美しい部屋に戻り、何事もなくベッドに入った。ところが、わたしは真夜中に目を覚ました。「ヴィッキー、ねえ、ヴィッキー、わたし吐きそう」

「起きればいいじゃない、ビーク」。彼女は言った。ビークはわたしのあだ名だ。子ども向けのテレビ番組に出ていた「オリー・ビーク」というフクロウのパペットから来ている。「トイレに行って吐いてくれれば」。それには間に合わなかった。ヴィッキーが寝ていたベッドめがけて嘔吐してしまい、サテン地のカバーにカーペット、彼女のトランジスタラジオまで汚した。

ヴィッキーはわたしの母の部屋へ駆け込んだ。母は薬剤師をしている親戚に調合してもらった鎮静剤を服用した上に、ワインもたくさん飲んでおり、深い眠りに落ちていた。ヴィッキーが母のベッドの足もとに立ち、叫んでいたのを覚えている。「ナディーンおば様！　オリガが吐いたの。ナディーンおば様！」

その声はどんどん大きくなり、ようやく母が目を覚まして様子を見に来た。「まあ、なんてひどいありさまなの！　どうしてトイレに行って吐かなかったんです？」

母はなんとか汚れとにおいを落とそうとした。翌日、ホテルは新しいカバーとベッドのひだ飾りの代金を母に請求した。ヴィッキーのラジオはすぐに錆が浮き、捨てるしかなかった。

その日は車でパリへ移動し、わたしはまだあまり気分がすぐれなかった。ホテルは母のお気に入りのリッツで、二階のフロアにある続き部屋だった。母は高所を嫌っていたが、一階ではバルコニーから部屋に忍び込まれるのではと気がかりだった。

パリの美しさも、わたしとヴィッキーの興味を呼び覚ますことはなかった。ルーヴル美術館やさまざまな観光名所も、わたしたちの胸をときめかせはしなかった。わたしたちの心を奪ったのは、ホテルのドアマン、それにスウェーデン人のフロア・ウエイター（わたしたちは部屋で食事を取っていた）だ。つまり、わたしたちはハンサムな男性にしか興味がなかったのだ。母ははなはだ憤慨していた。

それでも観光地めぐりにはつきあった。ヴェルサイユ宮殿からフォンテーヌブローを見て回り、とても楽しくはあったが、やはりたいした興味は湧かなかった。わたしが一番感動したのは、ロマノフ家の象徴である、双頭の鷲の巨大な像が飾られた、アレクサンドル三世橋を渡ったことだ。

母はナポレオンに強い関心を抱いていた。母方の祖母とおばは二人ともナポレオンとその時代に関する著作があるが、わたしは今でも特に興味を感じない。わたしたちはナポレオンが住んでいた場所をめぐり、彼の墓があるアンヴァリッドの教会を訪れた。その後は二台の車で帰途についた。楽しい旅行だったものの、母にはのちのちまでぼやかれた。「お金の無駄でしたよ。あなたたちときたら、ホテルのウエイターかドアマンとおしゃべりすることしか考えていないんですから」

＊＊＊

わたしの両親は、教養は自然に身につくものだと考えていたようだ。わたしはオペラもバレエも鑑賞したことがなかった。自宅でクラシック音楽が流れていることはなかったし、バレエを観に行ったのはかなり大きくなってからで、その頃にはわたしの趣味や好みはすでに形作られていた。

一九五五年から一九五七年にかけて、わが家にはベティとパットというメイドがいた。二人が住んでいた使用人専用の翼は、現在では賃借に出している部分だ。メイドの一人はエルヴィス・プレスリーのファン、もう一人はクリフ・リチャードのファンだったから、わたしは六歳ぐらいから使用人用の広間で彼らの音楽を聴いていた。

そして六〇年代の到来とともに、ビートルズとローリング・ストーンズの音楽が世界を席巻した。わたしはビートルズのファンクラブの会員で、テレビ番組『００１１ナポレオン・ソロ』のファンクラブにも入っていた。ああ、ナポレオン・ソロと相棒イリヤ・クリヤキンのかっこよさときたら！

もうおわかりだろうが、わたしはクラシック音楽が苦手だった。どこがいいのかわからず、父と母はそのうちわたしが自然に好きになるものと考えて、音楽教育を施すことはなかった。

第一次世界大戦前には誰もが芸術を尊んだのかもしれないけれど、六〇年代にはもちろんそんなことはなかった。母が愕然としたことに、わたしは相も変わらずポニーと馬にしか関心がなかった。

わたしが受けた教育は一風変わっていたのだろう。わたしの両親は時代遅れだったのだ。「伝統的な英国流」の教育についても、イギリスの子育てについても、父はたいした知識を持ち合わせていなかった。「英国人は子どもに対して厳しすぎる。凍えるほど寒いときでも、子どもを乳母と一緒に屋根裏に閉じ込めるのだからな」。父はよくそうぼやいていた。昔、イギリスでは使用人専用の浴室やトイレがなく、彼らはひどい扱いを受けていたとも話していた。

一方、ロシアの宮殿では、信じられないことに、使用人たちにも専用の浴室があったそうだ。農奴たちは餓死していたかもしれないが、皇帝に仕える者たちは水洗トイレと立派な浴室、それにセントラル・ヒーティングを享受していた。

父は教育に関しては無知に等しく、母は自分の寄宿舎生活がひどいものだったため、自分たちが娘のために作りだした生活は天国だと本気で思っていた。六十年後、その娘が幼い頃の教育環境について文句を並べた本を出すとは想像もせずに。母にしてみれば、最善を尽くしていたのだろう。

第五章

社交界デビュー

初めてスコットランドへ行ったのは一九六五年、そしてわたしはすっかり心を奪われた。父と母にとっても、そこはなじみの深い土地だ。父がスコットランドを愛していたのは、ロシアを彷彿とさせるからだった。樺や松の木が生い茂る東海岸は特にそうだった。

わたしたちはノース・ヨークシャーのハロゲートまで母の新車を走らせた。大型のロールス・ロイス、シルヴァークラウド3で、丸みのあるフォルムが美しく、外装は茶色味を帯びたシルヴァー、中のシートは赤だ。ハロゲートに一泊したのち、パースへとジグザグの道を進んだ。その頃はまだスコットランドに高速道路は通っていなかった。エディンバラとファイフを結ぶフォース・ロード橋は完成したばかりで、わたしたちはそれより北西にあるキンカーディン橋を渡り、ようやくパースのアイル・オブ・スカイ・ホテルに到着した。街はすばらしく、スコットランドのにおいを吸い込み、すぐさま恋に落ちたのを記憶している。

二、三日ほど滞在してパースを観光し、アバディーンシャーにあるディネットへと北上を続けた。母は、祖母のクセニアがバルモラルへ行く途中で宿泊したのと同じホテルに泊まりたがったが、そこは期待外れの場所だった。床はリノリウム、浴室は一つしかなかった。

バルモラルを通り過ぎるとき、父と二人でよく行っていた場所を指し示す母の姿は、それは誇らしげだった。

運転手はロンドンのバークレー・スクエアにあるカーディーラー、ジャック・バークレーから借りていた。バルモラルから十三キロほどのところに、ヘアピンカーブが二つ連続する「悪魔の肘」と呼ばれる難所があった。勾配がきつすぎるため、当時はバスの場合には、乗客が全員下車して、車体を軽くしなければならないほどだった。その後、道は整備されて直線になり、バイパスも建設された。あの難所がなくなったのは少し寂しい気もする。

理由は覚えていないが、「悪魔の肘」を車で登るとき、ハンドルを握っていたのは母だった。助手席に座っていた運転手は急に体をすくめ、シートの下へとどんどん沈みはじめた。

後部座席でそれを眺めていた父とわたしは、おかしくてたまらなかった。運転手はついにはダッシュボードの下に潜り込み、ディネットに到着するまで出てこなかった。あまりに奇妙な行動だ。

どうやら運転手は神経が参っていたらしく、翌日にはロンドンへ送り返された。イギリス国鉄総裁だったビーチング博士が、不採算路線を廃止する直前だったので、ディネットからアバディーンまでまだ列車が走っており、彼はそこから南へ向かった。

翌日、フォスターという別の運転手がやってきた。気のいい男性で、神経のほうも問題はなく、あとの運転は彼に任せた。もっとも、後部座席で父と一緒に、母の運転を眺めるのは楽しいものだった。実際、母はかなり優秀なドライバーだった。駐車やそういうことはからきしできないものの、道路を走る分にはなんの支障もなかった。

わたしたちはバルモラルへ行き、地所内を自由に散策することができた。女王の秘書官、マイケル・アディーン卿を通して、父は女王陛下から事前に許可をいただいていたのだ。当時、アディーン卿は、戦時中に祖母のクセニアが使っていたクレガワンに住んでいた。彼はわたしたちを歓迎し、お茶をふるまってくれた。父が母にプロポーズした森を見たあと、ミック湖のほとりにある小さなコテージへとみんなで向かった。現在は女王がバーベキューをするのに使用されるその場所で、父はかつてよく過ごしたそうだ。

それから何年も経ったあと、対岸からミック湖を訪れる機会がしばしばあった。チャールズ皇太子は『ロッホナガーのおじいさん』という児童書を上梓している。ロッホナガーとは、ミック湖の脇にそびえる山の名前だ。

その後わたしたちは、スコットランドの北端沿いにあるベティヒルまで行った。父と結婚する前、母には別の婚約者がいた。彼は狩りや闘鶏を趣味とし、犬の調教がうまいことで知られていた。母もアイリッシュ・セッター犬を飼っていたので、彼と一緒にベティヒルまで来て犬の訓練をしていた。

スコットランドにいるときは、わたしはジーンズを禁止された。スコットランドではツイードを着ることに決まっているんですと母に言われ、野暮ったいツイードのスカートをはかされた。十五歳だというのに、わたしは年寄りじみた服を着せられて、八十歳になった気分だった。わたし自身は知らなかったが、母はディーサイドに住んでいたロザリンド・ハリソン＝ブロードリー（あだ名はロザリンド・ハマースミス・ブロードウェイだ）に話をして、わたしがアボイン舞踏会へ出席する許可を得ていた。

本来なら出席者は十八歳以上に限られているものの、シンデレラのように十二時前には帰るという約束で、わたしも参加する許可がおりた。母はハロッズでわたしのために購入したかわいらしい薄紅色のタフタのドレスを持ってきていた。衣装に関して母は抜群のセンスを持っており、娘のドレス選びでもその才能を発揮した。

そのあとはインヴァネスへと車で移動し、ステーション・ホテルに滞在して、グレン・コーとカロデン・ムーアを観光した。グレン・コーの峡谷の不気味さは、わたしがこれまで行った場所の中でも一、二を争う。不穏な大気に覆われた中に、亡者たちの姿が見え、わたしは恐ろしくてたまらなかった。カロデン・ムーアも気味が悪い場所だが、こちらは湿原で、グレン・コーのように切り立った山々や谷はない。

次はネス湖へと旅を続け、母とわたしはそこでボートに乗った。湖上は風が強く、母のスカーフは吹き飛ばされて水の中へ消えた。「まあ、いいわ」。母は言った。「ネッシーがくわえて遊ぶでしょうから」

それよりさかのぼること数十年前、母方の祖母シルヴィアはネス湖の怪物の姿を目撃している。若い頃、祖母は本の執筆とリサーチのために湖畔のホテルに滞在し、部屋からはネス湖が一望できた。祖母は窓に背を向けて、化粧台の鏡をのぞき込み、髪をまとめていた（祖母は旅行には必ずメイドを連れていくのに、そのときなぜいなかったのかは不明だ）。すると、鏡に映っている湖面に、ボートらしきものがあることにふと気がついた。しかし、それは垂直に立っており、水の中へ吸い込まれて消えた。

祖母は階下へおりると、ドアマンに話しかけた。「フィンランドではボートはしっかり係留するものだけど、ここでは違うのかしら。つい今しがた、湖の真ん中にボートがまっすぐ立っていて、そのまま沈んでしまったわ」

「それでしたら」。ドアマンは言った。「怪物を目撃されたのでしょう」

ネス湖の深さを考えると、未確認動物がいてもおかしくはない。周囲の山々の高さと比べてその三倍の深さがあり、しかも湖底は平らではなく、巨大な洞窟が両側にある。ある時期にネス湖には何かが存在し、それは繁殖していたのだとわたしは信じている。

わたしにはわがままなところがあり、スコットランドに滞在中、ハイランド種のポニーがほしくなって、いてもたってもいられなくなった。一頭買ってもらえるまで、わたしは両親にねだり続けた。

インヴァネス近隣のドラムナドロッキットという村に、ハイランド種のポニーを繁殖している有名な家があり、ポニーでのトレッキングも行っていた。農業関連ではスコットランド最大級のイベント、ハイランド・ショーで何度も賞を取ったことがある一家だ。予約を取って訪れたわたしは、銀色味を帯びた焦げ茶色で、背中に沿ってラインがひと筋入ったかわいらしいポニーを見つける。名前は戦士《ウォリアー》。わたしはそのポニーが気に入り、乗ってみた。ウォリアーもすぐになついてくれた。母はケント州までポニーを運ぶよう手配し、数週間後、ウォリアーはわが家にやってきた。

それから数年経った一九七〇年頃のこと、アバディーン北部のブリッジ・オブ・ドンにあるハイランド旅団の兵舎で、わたしが将校用の食堂にいると、一人の男性が歩み寄って声をかけた。「オリガだよね、こんにちは。ぼくのことは覚えてないだろうけど、以前、母がうちのポニーをきみに売ったんだ」。その男性はゴードンハイランダーズ歩兵連隊に入り、将校の一人になっていた。

残念ながら、ポニーのほうはわたしたちでは手に負えないと判明した。一度は背中に乗っていた母の友人を砂利道に放り投げてしまった。彼女は八十代になった今も、額の皮膚に砂利が入り込んだままだ。別の友人は膝を蹴られた。トレッキング用の蹄鉄をはかせていたために大けがとなり、その友人はつらい手術を何度も受けて、長いこと通院しなければならなかった。

それからすぐあとの一九六六年、《ハーパーズ&クイーン》誌がチャールズ皇太子の花嫁候補として適齢の、外国の皇族リストを掲載した。その中の一人はわたしだった。

当然ながら、雑誌の記者はわたしとは何一つ話をしていない。代わりに、わたしが興味を持っていることや、わたしの趣味を、わたしの母にきいていた。記事に「趣味は乗馬」と書かれるだけではふじゅうぶんだと母は考えた。「ああいうことは女性らしくありませんからね」。母はわたしにそう言った。そこで母は「テニス」と――わたしはボールをラケットに当てることもできないのに――「スカリング」と返答した。雑誌の記事を読み、わたしは尋ねた。「スカリングっていったいなんなの、お母様?」母はこう返した。「もちろん、ボート競技のことですよ」

「でも、競技用のボートなんて乗ったこともないわよ! どんなふうに漕ぐのかもまるでわからないわ!」

「でも、響きがいいでしょう」

チャールズ皇太子に会ったのは一度だけ、スコットランドでカクテル・パーティーが催されたときのこと。わたしは十七歳だった。

母はエチケットに厳しく、してはならないことのリストを作っていた。人の家に招かれたときにやってはいけないことが挙げられており、自宅にいるときも気をつけるよう求められた。使用人たちの仕事が大変になるか楽になるかは、彼らが仕えているあるじ次第だということを、母は常々意識していた。以下が母のリストだ――

・トイレを使ったあとは、汚していないか必ず確認すること。汚した場合はブラシでぴかぴかにするように。

・宿泊先のベッドで性行為を行うときはシーツを汚さないこと。タオルを持参し、宿泊先のタオルは使用しない。

・宿泊先で生理になってシーツを汚すのは防ぎようがないため、家政婦を見つけて心から謝ること。

・客間を出る際にはソファのクッションを整えること。そうすれば翌日使用人に部屋を見られても、だらしないと思われることはない。

母は高齢になるまでエチケットに気をつけ、その姿には微笑ましいものがあった。

＊＊＊

わたしは十六になるまで、家庭教師のミセス・エバットについて勉強を教わった。そして一九六七年、母はわたしをフィニッシング・スクールへ送りだすことを心に決めた。

子どもの頃、母はわたしの頭に本をのせて部屋の中を歩かせた。顔をあげてレディらしく、床を滑るように歩くための練習だ。父の幼少期には、座っているときに猫背にならないよう、服の背中にステッキを入れられたそうだ。父はその方法をわたしにも何度か試している。

練習のおかげで、きれいな姿勢で歩けるようになり、ミニスカートをはいていても、車から乗り降りするときに下着が見えることはない。たやすいことだ、どちらもわたしには覚える必要のないことだったけれど。

けれども母はフィニッシング・スクールで料理やフラワーアレンジメントを学ぶのはとても有用だと考えた――なぜかは見当もつかないが。フィニッシング・スクールで教わるフラワーアレンジメントは、巨大な花を真ん中に挿したあと、その両横にも花を挿して三角形を作り、まわりに花を飾っていくというたぐいだ――それのどこがいいのだろう！

わたしはウィンザーにほど近い、ウィンクフィールドの有名なフィニッシング・スクールへ送り込まれた。ローズマリー・ヒュームとコンスタンス・スプライが設立し、七十年ほど続いたものの、現在では閉校している。スプライがフラワーアレンジメント、ヒュームが料理の担当だった。かつてはロンドンの中心地にも分校があった。

わたしを送りだす前に、母は少なくとも三回は学校見学へ足を運んでいる。母がわたしをそこへ入れることにした唯一の理由は、イングランド銀行総裁を務めた故キングスダウン卿の妻で、現在では八十代になる母の友人ローズがそこの卒業生だったからだ。彼女は学校見学について行き、母を説得した。「わたくしもここにいたんですよ（それがいつのことであれ）、これ以上の学校は望みようもありませんわ。ここなら安心してお嬢さんを預けられます。ぜひ入学させなさいな。お嬢さんもきっとここでの暮らしを楽しむわ」。母は説き伏せられて、わたしを行かせることに決めた。ローズの説得がなければ、わたしはいつまでも自宅で家庭教師に勉強を教わっていたことだろう。

一九六七年三月、わたしは若きレディと主婦を養成する、ウィンクフィールドの美しいカントリー・ハウスへと向かった。

当時は、夜に若い男性と外出するには、実家の両親からノートにサインをもらっておかなければならず、当然、わたしはサインをもらえなかった。母が学校に提出したノートには、男性との外出は禁止すると書かれていた。すぐ近くにサンドハースト王立陸軍士官学校があり、母はどんな形であれ娘に傷がつくのを恐れたのだ。寮の玄関には管理人がいた。わたしは外出を許されていないので、どうしようもなかった。

実のところ、寮でも基本的には家にいるのと同じだった。わたしは自由に外出することを許されなかった。一つには車のせいもあっただろう。母は大切な一人娘が自動車事故に巻き込まれるのを心配していた。それに、娘がキス以上のことをする恐れがあった。

それでもフィニッシング・スクールでの生活をわたしは満喫した。友人ができ、家から離れているだけで解放された気分が味わえた。

ただ、料理教室でクリームや卵を泡立てるのに、機械はいっさい使用できないのには泣かされた。ひたすら手で泡立てなければならず、今思い出してもうんざりする。教室で習うのはババロアなどの作り方だ。自宅で作ることはまずないと思うけれど。

コースにはタイピングの授業も含まれていたが、就職できるほどの技能を身につけるわけではなかった。まだマニュアル・タイプライターの時代で、一つ一つのキーを指でがしゃんと押し込む。わたしは爪を伸ばしていたため、いつもキーから指が滑り落ち、先生に叱られた。「オリガ、爪を切りなさい」

「いやです」。わたしは口答えした。「パーティーに行く約束があるんです」

わたしの両親は、少なくとも母のほうは、自分の娘は爵位を持っている裕福な紳士と結婚し、末永く幸せになるものと信じていた。その意味では、母はジェイン・オースティンの小説に出てくるミセス・ベネットにそっくりだ。将来、娘が働く必要に迫られることは、両親ともに予期しておらず、実用的な知識や技能は何一つ習得させなかった。二人が先見の明に欠けていたことが、つくづく悔やまれる。

フィニッシング・スクールに入って一年ほど経った頃、わたしは腺熱を患い、少なくとも四人の女の子にうつしてしまった。高熱が続き、わたしはプロヴェンダーに戻って四、五週間は寝込んでいた。

夏に入る前の出来事だったため、夏学期の後半はほとんど出席せずに終わった。秋学期が始まって学校へ戻ると、すぐに試験が待っていた。「あなたも試験を受けなさい」と言われたものの、習っていない部分があまりに多かった。それに、ふだんならできることも、やらなければならないというプレッシャーを感じると、急にできなくなるものだ。わたしは頭の中が真っ白になってしまった。結局、試験は一つも受けず、フィニッシング・スクールでのわたしの生活もそれで終わりを迎えた。

＊＊＊

一九六七年、わたしは王室主催の競馬、ロイヤルアスコットへおもむいた。地元の友人が競走馬を育てており、大変珍しいことに、自分の馬をレースに出走させていた。普通は、競走馬を育成する牧場主と、馬をレースに出す馬主は別々だ。しかし、その友人は自分の手で繁殖した馬のオーナーとなって、レースに出場させていた。騎手のレスター・ピゴットや調教師のヴィンセント・オブライエンが活躍していた時代だ。

友人の馬は見事勝利を収めた。これは本当にすばらしく、記念すべき出来事だ。わたしの両親は友人の厚意で三日続けて招待され、その日も観戦していた。翌日は女性たちが華やかな帽子で着飾るレディース・デーで、わたしも両親とともに招かれた。初めて訪れるアスコット競馬場に胸が高鳴った。

色と服を見る目があるのが母の長所で、十四歳から十八歳ぐらいまで、わたしの服は母が選んでいた。母はいつも高級ブティック、ハーディ・エイミスやハートネルでショッピングをし、母が選んだ服はどれもサイズがぴったりでわたしによく似合った。わたしは母の前では気が進まないふうをよそおうのだが、帽子も、靴も、アクセサリーも、本当はすべてがすてきだった。

アスコット用の衣装も、もちろん母が選んでいた。母は服を見るだけで、サイズがわたしに合っているかわかるのだった。その頃のわたしはがりがりで、体型だけはモデルのツイッギーによく似ていたため、たいていの服は着こなすことができた。わたしのトレードマークとなるシャルル・ジョルダンの靴も、このときは母が買ってくれたが、ここで母は唯一の失敗を犯してしまう。足にぴったりの靴を買ったのだ。新品の靴を履きおろしたその日は、とても気温が高く、わたしの足はぱんぱんにむくんだ。靴に締めつけられてまさに拷問だった。

レディース・デーの前日、わたしは髪を染めることにした。まだフィニッシング・スクールにいた頃で、当日は母が運転手とともにウィンクフィールドまで迎えに来てくれた。わたしが黄色い帽子に黄色いドレス、黄色い靴というよそおいで――こう書くと黄色いお化けのようだが実際にはとても華やかだった――玄関先の階段をおりて現れると、母は目を丸くして叫んだ。

「まあ、なんてことでしょう！　その髪はいったいどうしたの？」

「その……ちょっとした手違いなの」。生まれつきのきれいな金髪はほぼ真っ黒に変わっていた。わたしはおもしろがったが、母は違った。

その年のアスコットには、歌手で俳優のビング・クロスビーも来場していた。午後になると、母は彼のもとへ行って声をかけた。「ミスター・クロスビー、わたしは古くからのファンなんです。レースカードにサインをお願いできますかしら」。わたしは『ああもう、恥ずかしい！』と、うしろのほうに離れて立っていた。けれども、ミスター・クロスビーがとても魅力的だったことは記しておこう。あからさまにいやそうな顔をする一部の有名人とは違い、彼は実に快く応じてくれた。

ふだんのわたしは、アスコットの衣装よりもずっとカジュアルな服装が好みだ。ある日、ジーンズとセーターで百貨店のハーヴェイ・ニコルズに入ると、まるでそこに存在しないかのような扱いを受けた。

翌日、わたしは入念に化粧を施して、ミンクのコートにハイヒールというでたちで店に戻り、小切手帳を取りだした。そこに「公女オリガ・ロマノフ」と記されているのを目にして、店員がわっと集まった。わたしは彼らにこう言った。「昨日はそちらから声一つかけてもらえませんでしたから、今日はわたしから声をかけるのはやめておきましょう」。映画『プリティ・ウーマン』のジュリア・ロバーツの気分を味わえたひとときだ。

＊＊＊

一九六八年、十八歳になって社交界デビューを迎えたわたしは、まだフィニッシング・スクールにいた。その年、最初のデビュタント・ボール〔社交界デビューをする若い女性、デビュタントのための舞踏会〕はドイツ大使館で開催され、母は大勢を引き連れて参加した。ステージでショーが始まると、わたしの父は椅子を動かし、ホールの片隅に向けてしまった。母は父をせっつき続けた。「アンドレイ！　アンドレイ！　椅子をこっちへ向けてダンスをご覧なさいな！」

「いやいや」。父は言い返した。「ホールの片隅を見ているほうがはるかにおもしろい！」見ると、十六歳で最年少のデビュタントが、自分の美容師とラヴシーンを繰り広げているではないか。その後、彼女は相手と結婚し、のちに別れた。

次のデビュタント・ボールはブレナム宮殿で催された。母はまたも大勢で出かけ、その中にはわたしの男性のいとこ二人、それにセオ・マシューという名前の青年が含まれていた。セオは十一人きょうだいの長子で男前だった。緑がかったヘーゼルの瞳とえくぼ、それに強烈な魅力を持っていた。一緒にいると本当に楽しい男性だが、評判はかんばしくなかった。母はわたしをセオと二人きりにはさせなかった。彼は少しでもかわいい子ならば見境なく口説こうとし、母が考える婿候補のリストにはもちろん載っていなかった。ただ、彼の弟トマス・マシューもその舞踏会に出席しており、セオはその夜わたしに彼を紹介した。「ああ、弟のほうはいい人すぎるわね……」。それがわたしの第一印象だ。悪いぐらいの男性に女性は心引かれるものだ。

それから二、三年は、トマスに会うことはほとんどなかった。セオとは会っていた。彼は今は亡き、わたしのいとこの親友で、たびたびケント州に来ていたからだ。

社交界にデビューした年、母は必ず誰かがわたしに同伴することを求め、ホーム・パーティーでさえ、一人で出かけることを許さなかった。若者たちが青春を謳歌した六〇年代だと言うのに！ 娘に悪い虫がついたり、わたしがよからぬことをしたりするのを心配したのだ。

理想的な結婚のためには純潔を守り通さなければならない。母は娘に良縁をつかませようと本気で考えており、娘が傷物だという噂を立てられるわけにはいかなかった。わたしは清らかな体のまま、白いドレスを着せられ、しとやかにふるまうよう求められた。「でもわたしと同い歳のアン王女なんて、たくさんの男性と噂を立てられているじゃない」。わたしが文句を言うと、母に一蹴された。「それとこれとは違います」

その頃はまだ、一般的な貞操観念に本当の意味での変化は訪れていなかった。今では誰も気にしないが、当時は結婚前に純潔を守るのは大切なことだったのだ。経口避妊薬《ピル》はすでにあったものの、まだ登場したばかりだ。十七や十八の若さでピルを服用するのには抵抗があった。その年のデビュタントの大半は清純な乙女からはほど遠かったはずだ。それなのにわたしが清らかそのものだったのは、母があまりにも怖かったからだ。ピルの力を借りずとも、母がいれば妊娠する恐れはなかった。結局、わたしは二十歳になるまで貞操を守り通した。

母方の祖母も子どもを持ったのが遅かったため、わたしの母は二十世紀初頭のエドワード朝の考え方を引きずり、時代遅れのアドバイスをすることもしばしばだった。エドワード朝の人々は離婚をしなかった。情事を楽しみたいのなら既婚者を愛人にし、その相手と結婚することは決してない。配偶者との離婚は、お互いに大きなスキャンダルになるのだから。当時はそれがごく普通のことだった。それから数年ほどすると、母はわたしにこう言った。「あなたはもう大人ですね……外へ出て、好きなことをおやりなさい……。けれど、見つかってはなりませんよ。過ちとは、人に見つかってしまうことです。もしも困ることになったら、ここへお戻りなさい。わたしが解決しましょう」

父の考え方は超然としていた。わたしが幸せになりさえすれば、誰と結婚しようと気にしていなかった。夫婦喧嘩になると母は父にこう言ったものだ。「少なくともこの子にはいい結婚をさせます。あなたのほかの子どもたちと違ってね」

一九六〇年代の終わりにわたしが異性と外出するようになると、母は回数に気をつけるようわたしに念を押した。これは戦前の考え方の一部だろう。相手が立派な若者であれば、劇場やダンスへ一緒に行くのはかまわないが、同じ若者と二度出かけてはならない。二人は深い仲だとあらぬ憶測を招きかねないからだ。舞踏会では同じ相手とは二度までしか踊ってはならず、誰とラストダンスを踊るかには注意を払う必要がある。

スコットランドの大きな舞踏会では、今もダンスカードを使用するが、ロンドンではもう使われていない。ダンスカードも、かつてほど凝った作りではなくなった。昔は二つ折りのしっかりした紙製で、房飾り付きの鉛筆が添えられていた。ロイヤル・カレドニアン舞踏会とロンドンのハイランド舞踏会では、鉛筆付きのダンスカードが用いられていた。

たまにわたしがボーイフレンドを自宅へ連れてくると、母は必ず相手のあら探しをした。どんな男性だろうと、悪いところを何かしら見つけたものだが、二人だけ例外がいた。しかし、わたしは十代終わりの反抗期にあり、母にいい人ねと言われると、すぐに相手と別れた。母が娘を裕福な相手と結婚させたがった理由は今ではわかる。わたしたちは知らなかったけれど、わが家の家計は火の車だった。母は自分と同じように何年も金に困るような思いを娘にさせたくなかったのだ。

「シャーロット王妃の舞踏会」は、社交界デビューの年のハイライトを飾る。イギリス国王ジョージ三世が一七八〇年五月に王妃の誕生日を祝うために開いた舞踏会がその始まりだ。家柄がよく、容姿も美しい若い令嬢たちが招かれ、シャーロット王妃に謁見した。のちにはほかの舞踏会やカクテル・パーティーなどという催しと同様に、若い娘を結婚市場へ送りだす場の一つになった。

この舞踏会は昔から一年で最大のイベントだ。わたしがデビューした年には、百五十名ものデビュタントが参加した。そのうちの数名が、二・五メートルもの高さのバースデーケーキを会場へ引っ張ってくるのが恒例になっていた。わたしも声をかけられたが、父は首を横に振った。ケーキを引っ張ってきたデビュタントたちは会場でお辞儀をすることになっており、父は自分の娘が衆目の前で頭をさげるのを嫌ったのだ。

いつものように母は知人を大勢引き連れてきた。わたしの男性のいとこ二人も、いたち《ウィーゼル》というあだ名の友人を同伴した。パーティー中、女の子たちがテーブルへとやってきては、彼の膝に座るものだから、しまいには母も怒りを爆発させた。「なんというふるまいですか。あなたが娘たちとべたべたするところなど見たくもありません。ここはわたしのテーブルですよ」。

ちなみに、その男性は今では心を入れ替えている。遅くに結婚し、専業主夫になった。

わたしがデビューした年を最後に、主催者側は「シャーロット王妃の舞踏会」の開催を断念した。いずれにしても、この舞踏会は社交界デビューの年に一度出席するだけだ。ロイヤル・カレドニアン舞踏会やハイランド舞踏会は現在も開かれており、こちらは毎年行くことができる。この二つはデビューの年には必ず出席するものの、デビュタントのための舞踏会ではない。それに、ドレスは白でなくてもいい。もっとも、白いドレスにタータンチェックの飾り帯《サッシュ》を斜めがけにすると、ハイランド・リールを踊るときにとてもよく映える。

わたしは社交界デビューを楽しんだものの、思う存分楽しめたとは言えない。母が一緒についてきてしまうため、ホーム・パーティーには誰も招いてくれなかった。舞踏会へは行かせてもらえたが、運転手が会場まで送り迎えするという条件付きだ。その「運転手」というのが、実は地元の葬儀屋で、彼の運転ときたら、霊柩車を運転しているみたいにのろのろと進むのだ！

気の毒な運転手は、プロヴェンダーからロンドンまで片道三時間ほどかけて運転した。わたしは車内で眠ることができたけれど、運転手のほうも、舞踏会のあいだに仮眠を取っていたのだろう。そのあとは悪い虫がつかないよう、わたしを車に乗せて帰路につくのだ。母は新聞や雑誌などで、マリファナやその他の薬物についての記事も読んでいたに違いない。わたしの友人たちの多くも、パーティーでマリファナを吸っていた。母はそんな話に震えあがった。

＊＊＊

七月、母はわたしの社交界デビューを記念して、ロンドンのホテル、ザ・ドーチェスターで舞踏会を開いてくれた。今にして考えると、代わりにプールをプレゼントしてもらったほうが使いようはあったと思うが、あの舞踏会は今でも語り草だ。

四百名ほどの招待客の中には、世界的に大ヒットしたテレビドラマ『ダウントン・アビー』の脚本家として今では世に知られている、ジュリアン・フェローズの姿もあった。当時、彼はまだケンブリッジの学生で、あの舞踏会は自分が出席した中で最高のパーティーの一つだと今も話している。わたしの友人は百五十名ほどで、残りは両親の友人たちだった。結果的に、さまざまな年代のゲストが入り交じり、なごやかな雰囲気が生みだされた。わたしの母は――父ではない――これまで招かれてばかりだった人たちに返礼するよい機会だと、盛大な仮装舞踏会を催した。

ジョージェット・ヘイヤーのロマンス小説に夢中だったわたしは、彼女の小説の舞台としてよく描かれる、十八世紀初期のリージェンシー時代を仮装のテーマに選択した。ジェイン・オースティンのヒロインたちも着ているような、胸の真下に切り替えがあるドレスは細身の女性であれば似合うものの、ふくよかな女性向きではない。あいにく、わたしの母はぽっちゃりしていた。鹿革の膝丈ズボン《ブリーチズ》に膝まであるブーツ姿の男性たちは、りゅうとして目の保養になったが、ふくよかな女性たちはドレスのせいで大きな胸がさらに強調された。おそらくリージェンシー時代を選んだのは失敗だったのだろう。けれど、わたしの頭には自分のことしかなかった。

わたしの衣装は、パフスリーブが肩を包み込む純白のドレスで、グリーンの帯が胸の真下をきゅっと締め、小さなバラのつぼみが全身にちりばめられていた。ハーディ・エイミス作のドレスは本当に愛らしく、無垢な乙女風が好みなら、これ以上のドレスはない！　バラの飾りを取り払えば、シンプルなドレスとしてあとあとまで着ることができた。

昔はよく母に尋ねたものだ。「舞踏会にはなぜ白いドレスと決まっているの？　わたし、白は嫌いなのに！」

「白は純潔の象徴ですからね」。母はそう返した。デビュタントは全員白をまとうことになっており、わたしだけではなかった。「そんなの関係ないわ。わたしは色つきのドレスを着たいの」。幼いときに乳母車からおもちゃを放り投げたようにだだをこね続けると、色のついたドレスをまとわせてもらえることもあった。

父はリージェンシー風の衣装をハーディ・エイミスに仕立てさせ、カーナビー・ストリートでほかの小物をそろえて、しゃれ男《ダンディ》を決め込んだ。父が靴を求めてカーナビー・ストリートを歩いていた姿が今も目に浮かぶ。母のドレスもハーディ・エイミス作だ。そのときの母のドレスと、のちにわたしが着たウェディング・ドレスは、ハーディ・エイミスの展覧会に出展されて、世界のあちこちをめぐった。わたしのリージェンシーの衣装のほうは、その後虫に食われてぼろぼろになってしまった。

舞踏会は絢爛豪華な催しとなった。のちにわたしの夫となるトマス・マシューは、芦毛の馬二頭と御者付きの馬車に乗り、妹のエリザベス、弟のチャールズとともに現れた。兄のセオは、一人で車に乗って来た。舞踏会が終わるまで、馬車はホテルの前に停まっていた。女優のエリザベス・テイラーが同じホテルに泊まっており、彼女の娘が馬にやりたいからと角砂糖をねだったそうだ。

何もかもが豪奢だった。数百人を収容できる広々とした舞踏会会場、それより小さめの会場にはテーブルを並べ、夕食と朝食が供された。なにせ舞踏会は明朝の四時まで続いたのだから。下の階の一室はナイトクラブに変貌し、ＤＪがレコードをかけた。明かりを落としていいムードを醸しだしたかったが——そういう時代だ！——すでに母がホテル側にこう伝えていた。

「部屋は暗くしすぎないでちょうだい。みだらなふるまいはごめんですからね」

部屋には照明を落とすスイッチがあり、わたしたちが部屋を暗くすると、すぐに誰かがスイッチを回し、誰がどこで何をしているかが見えるぐらいまで、明るくしてしまうのだ。若い男女が薄暗い場所にいるのは適切でない、それが母の考えだ。わたしとしてはおもしろくないが、舞踏会のほうは楽しいものだった。

三年ほど前、わたしは友人のジョージーことレディ・コリン・キャンベルと舞踏会会場の片隅で腰をおろしていた。女性が体を触られる、今では一般的に「セクシャルハラスメント」と呼ばれる行為をなくそうと、キャンペーンが繰り広げられていた時期だ。「わたしたちが若い頃は、パーティーへ行って胸もお尻も触られなかったら、女として侮辱された気分になったものよ。昔は触られるのが当たり前だったわ」。ジョージーとわたしはそう同意した。息子のフランはあ然とした。「その触ってきた相手って……」。わたしはうなずいた。「ええ、パーティーのゲストよ」

たいていは両親の友人だ。中高年の紳士たちはプロヴェンダーを訪れては、「やあ、こんにちは」と、こちらの体を触ってきたものだが、それを不快に思ったことは一度もなかった。普通に受け入れていたのだ。こんにちでは大問題になるのだろう。時代は変わった。ともあれ、この歳になると、わたしにはなんの関係もない！

初めて自動車の運転免許試験を受けたときは、指導員に膝を触られ続けたせいで落第した。

わたしはミニスカートをはいており、指導員の行為が性的いやがらせだとは気づかなかった——それぐらいうぶだったわけだ。彼はわたしの膝に手を置き、わたしがギアを操作するたびに、その手がわたしの手に重なった。そのせいで注意がそがれて試験は不合格となった。

そこで自動車学校のブリティッシュ・スクール・オブ・モータリングから指導員を派遣してもらうことにした。プロに徹した指導のおかげで、一九六八年のはじめ、わたしは二度目の試験で合格した。八月の終わりに家族でスコットランドへ行き、母は白のミニ・トラヴェラーを買ってくれた。ナンバープレートはDSU501G。「慌てた声を出さないで《ドント・サウンド・アプセット》」というあだ名がつけられた。どんなときでも、落ち着くことが肝心だ！

第六章

ハイランドでダンスを

わたしはスコットランドにすっかり恋をしていた。一九六七年、母方の祖父の死期が近づくと、母は夏の休暇中、ディーサイドに住んでいるロザリンド・ハリソン＝ブロードリーのもとへわたしを送った。彼女の孫娘の一人は一九六〇年代にアルペンスキーで活躍し、のちにレーシングドライバーに転身したディヴィーナ・ガリカだ。わたしはひと夏をそこで過ごし、すべての舞踏会に出席して、心の底から楽しんだ。

その翌年、わたしは正式に社交界デビューを果たした。ザ・ドーチェスターでの仮装舞踏会のあと、母は夏のあいだはスコットランドに屋敷を借りて、わたしをこの地の舞踏会へ行かせようと心に決めた。「娘に良縁をつかませる」計画の一環だ。

その点において、母は救いようのない俗物で、スコットランドにいるほうが、階級の高い花婿候補を見つけやすいだろうと考えていた。母の狙いは公爵以上だ。チャールズ皇太子にも本気で目をつけており、彼には気の毒なことだが、とにかく、公爵とか王子とかをつかまえる気でいた。けれども、わたしは花婿候補になりそうな公爵様に紹介されたことは一度もなく、将来、公爵夫人になる可能性はほぼ皆無だった。なんにせよ、結婚なんて、わたしにはまだまだ遠い話だ。

夏のあいだ、六から八週間滞在できる屋敷を借りに、わたしたちはスコットランドへ向かった。最初に見に行ったのはブラッドフォード家所有のキンカーディン・ハウス（今ではキンカーディン城と呼ばれている）だ。ここはかなり古めかしく、広大な屋敷だった。地下にある厨房は上階のダイニング・ルームから距離があり、料理を運ぶのには手動式昇降機を利用した。わたしたちは使用人を連れてきておらず、家族三人だけだ。屋敷の造りを見た父は、厨房とダイニング・ルームがこれだけ離れているような屋敷では、とてもひと夏を過ごすことはできないと結論した。

別の場所も探したものの、賃貸が適当な物件がほかになく、結局、購入することに決まった。わたしの資産を管理している管財人が、投資目的で購入したいと申し出たので、わたしたちはディーサイド沿いのさまざまな地所を見学しに行った。

わたしたちはバルモラルへ行く途中の小さな村、バンチョリーのトルナコイル・ホテルに滞在していた。そこからアバディーンまではおよそ四十キロだ。村の小学校の隣に小さな屋敷があり、母はそこを見に行きたいと考えた。ロールス・ロイスで現れては、価格をつり上げられるだろうと懸念し、母はホテルのオーナーから古いミニを借りることにした。

　わたしたちは借りた車に乗り込んで屋敷の見学へ向かった。屋敷の所有者は屋内を案内し終えると、ガレージのドアを開けて中を見せた。広々とした庫内には、母のものより新しく、上のクラスのロールス・ロイスがあるではないか！　母は古いミニに乗ってきたことが恥ずかしくなり、それは借りもので、自分の車はホテルの駐車場に停めてあるんですと白状した。

　屋敷の名前はガワンブレー。価格は九千ポンド、改築のためにさらに三千ポンド費やしたと思う。花崗岩から造られたヴィクトリア様式の屋敷で、出窓が二つ、寝室は三部屋あった。母は屋内を大々的に改造し、最終的には浴室も三つに増やしている。インテリア雑誌から出てきたようなすばらしい屋敷に生まれ変わり、その写真は多数の雑誌を飾った。

　塀で囲まれた大きな庭には、父がこよなく愛した、オレンジセンセーションと呼ばれる品種の美しいバラが咲き誇っていた。父は家庭菜園を作って大成功を収めている。その年はラズベリーがたくさんの実をつけ、ほかにも果物や野菜が採れた。玄関前には、はるか頭上から枝を垂らすセイヨウトネリコの大木が一本あった。何年ものち、わたしが自分の子どもたちとそこに暮らしていた頃、ある日、買い物から帰宅すると、「ママ、ママ」と泣き声が聞こえてきた。顔をあげたわたしは、はるか頭上で五歳の娘が大木にしがみついているのを見つけた。二人の兄の口車に乗せられて木に登ったら、はしごをはずされておりられなくなったのだ。

屋敷の改築中はホテルに滞在していたが、寝室と浴室が使用できるようになるなり、父とわたしははやばやと移り住んだ。母は埃や汚れの中で暮らすのを嫌い、ホテルに残った。工事の終了が近づくと、母も越してきて、のちに図書室となる部屋を仮の寝室にした。母はすべての壁をビニールシートで覆った。母は旅行には必ず、このかさばるビニールシートを持参して、ベッドのマットレスの上に敷くのだった。他人が使用したマットレスやホテルの部屋は、湿っているからというのがその理由だ。母は毛布やシーツをはぎ取り、マットレスをビニールシートで覆った。寝返りを打つたびにがさがさと耳障りな音がし、その不快なことと言ったら！それでも、母は図書室の住み心地をよくして、家が完成するまでそこを使用した。

一九六八年の社交シーズンはスコットランドで過ごした。わたしが舞踏会やパーティーから帰宅すると、たとえ朝の五時であろうと、母は待っていた。ベッドの中にいても、聞き耳を立てているのだ。わたしの部屋は廊下をはさんで母の部屋と向かい合っており、わたしが部屋に入るところを母は見張っているのだった。母は本当に飛びかかるようにしてわたしをつかまえ、その夜、何をしてきたかを逐一報告させた。

わたしの父は中流階級とのつきあいを敬遠していた。労働者階級、それに貴族階級との交流は心から楽しむのだが、そのほかとは関わろうとしなかった。現在では階級制度もすっかり変わり、貴族であろうと、あらゆる階級の出身者と結婚する。しかし、父の時代には違っていた。

母がスコットランドの名士たちとのつきあいで出かけるときなど、父は、「今夜は外出したい気分ではない」と同行を断ったものだ。そして、近所の肉屋を——これが本当に気立てのいい肉屋なのだ——自宅に招き、一緒に腰掛けてグラスを傾けるのだった。中流階級は多くの問題を引き起こすというのが父の言だ。ロシア革命を見ると、父の心情が察せられる。

＊＊＊

オーバン舞踏会は九月に開催される。たとえ舞踏会のチケットを購入していても、地元の者の同伴なしでは、入場できない決まりになっている。わたしたちはジョックこと、マセリーンおよびフェランド子爵にエスコート役をお願いした。彼はスコットランドの小島、マル島に地所を所有し、その当時はケント州にチルハム城も持っていた。

午後、会場となっているホテルに到着すると、ケント公爵夫人マリーナの訃報が飛び込んできた。母は即座に、父と自分は舞踏会に出席できないと言った。わたしは行ってもよかったのだが、イギリス王室が喪に入るのに、母たちが夫婦でダンスをしているのを見られるわけにはいかなかった。しかも、公爵夫人はロシア皇帝アレクサンドル二世のひ孫に当たり、父にとっては血縁だ。

父と母はホテルの部屋を取って宿泊し、わたしは舞踏会へ行った。だが、舞踏会が終わってからが大変だった。両親と同じ部屋を使わなければならず、母のいびきのうるさいことと言ったら！　しかも、六匹もの愛犬を連れてきていたのだ。わたしがようやくベッドに入ったのは朝の五時頃だった。舞踏会が開かれたオーバンは、マクドゥーガル一族の故郷でもあり、翌日は氏族《クラン》の長である女性に会いに行った。まずは十二世紀に建てられたと言われているドノリー城の跡を見学し、そこから続く道路を進んで、大海原を見おろす屋敷を訪問した。

　横幅の広いダイニングテーブルには豪華な昼食が用意されていた。わたしの席は氏族長の左側で、母の席はわたしの向かい側だった。わたしが舞踏会から戻ったのは早朝で、そのあとも母のいびきがうるさくて、せいぜい二時間ほどしか寝ていなかった。背後では暖炉の薪がぱちぱちと燃え、わたしは食事の途中で椅子に座ったまま船を漕ぎはじめた。

　ふだんなら、母にすねを思い切り蹴られるところなのだが、テーブルの横幅が広くて、母の脚の長さでは届かなかった。はっと気づいたときには、氏族長の夫がわたしの肩をそっと揺すっていた。「かわいそうに、疲れているようだね。でも、メイン料理が運ばれてきたから起きなさい」。わたしは驚いて謝った。「まあ、いやだ《オー・マイ・ゴッド》、本当にごめんなさい」。テーブルの向かい側で母の頭から湯気が噴きだすのが見えるようだった。

　一九六八年、バラターにある新兵訓練基地でチャールズ皇太子とアン王女を迎えて、小規模な非公式の舞踏会が催された。その前に若者だけが参加するかなり大きなディナーパーティーが開かれることになり、皇太子と王女も出席するというのに、わたしは母の許しが出なかった。適切でありません、と母は言った。

「でも、皇太子と王女は行くのよ」。わたしは抗議した。

「それは関係ありません。あなたは大佐とそのご友人たちと食事をなさい」。母に命じられて、わたしは大佐と、ディーサイドのお歴々とともに食事の席に着いた。一番若い人でも、わたしより十四歳年上だ。食事が終わり、わたしは舞踏会の会場となっている演習場へ向かった。

正式に紹介されたことは一度もないものの、アン王女はわたしの存在を認識していた。というのも、二人とも同じハンサムな准大尉に関心を寄せていたのだ。彼はさまざまな舞踏会で、わたしたち二人のどちらかのエスコート役を務めていた。その夜は八人で輪になって踊るエイトサム・リールというダンスがあり、三人が同じ輪になった。アン王女とわたしは手をつなぎ、踊りながらくるりとターンした。そのとき、王女は足を振りあげて、わたしのすねを思い切り蹴りつけた。あの痛みといったらなかった。わたしのすねには何週間も青あざが残った。

＊＊＊

父とわたしはしばしば二人で、スコットランドとケント州を行き来した。運がよければアバディーンまで行く列車があるものの、時期によってはパース止まりになった。

一時期、ダックスフントを六匹飼っており、スコットランドまで一緒に旅をして、衣装部屋に置いたベッドに寝かせていた。もちろん、六匹とも列車に乗車させた。本来、客室へのペットの持ち込みは禁止されていたが、ロシア公《プリンス》のペットということで、大目に見てもらえた。たくさんのダックスフントに囲まれての旅は愉快なものだ。あるとき、連れている犬の数があまりに多かったので、飛行機を使うことにした。だが、それだと犬をケージに入れて預けなければならない。犬たちはすっかりおびえ、わたしの父も心底不安そうだった。父はかわいがっている犬を狭いスペースに閉じ込めることにショックを受けていた。

ハンスという名前のミニチュア・ダックスフントは、父のポケットにすっぽり収まった。父がリッツやクラリッジズに行くとき、ハンスはどこにでもついていった。ポケットの中に座って小さな顔をのぞかせるさまは、本当にかわいらしいものだった。

＊＊＊

わたしがスコットランドに住んでいたのは、一九六八年から一九七一年までの三年間だ。六〇年代の終わり、ディーサイドでは、未婚の若い娘は――それほど魅力的でなくとも――非常に珍しい存在だった。若い人たちは進学のために土地を離れてしまうので、彼らが休暇中に帰省するまでは、歳の若い人はそれほどいないのだ。貴重な若者であるわたしは、晩餐会やパーティーにひっきりなしに招かれた。

ぶらぶらと遊んでいるイメージは娘のためによくなかろう、と母は考えた。そこで、知人のジェイミー・バーネットに頼み込み、彼がバンチョリーのディー・ストリートに持っていた〈ヴェンチャー〉という名前のアンティークショップでわたしを雇ってもらうことにした。わたしは九時から五時まで週四日働いた。店でくずかごや文房具を客に勧めるのがわたしの役目のはずなのだが、たいていはファンヒーターの前に陣取って新聞の競馬の情報欄を眺め、ちょいちょい顔をのぞかせる隣の店の男性店員とおしゃべりをしていた。母はさまざまな理由から、その店員を目の敵にしていた。

ある日、店に入ってきた女性客は、店番をしているのがでくの坊だと——すなわちわたしだ——見るや、商品の値札をこっそり交換し、六十ポンドの値札がついていた商品に十五ポンドの値札をつけて、レジまで持ってきた。わたしは何も気づかずに代金を受け取り、品物を渡したが、夕方、店にやってきて売り上げをチェックしたジェイミーは、何が起きたかすぐさま気がついた。彼はかんかんになって怒った。

わが家のすぐそばに住んでいるジェイミーは、帰宅の途中にわが家に立ち寄り、一杯やっていくのを習慣にしていた。なぜかうちのダックスフントたちの中の一匹は、彼を見ると噛みつこうとした。部屋の入り口と玄関には犬が出入りできないよう、高さ三、四十センチほどの小さなフェンスが設置されていた。少し吃音が出るジェイミーは、玄関先の階段に立って母に頼んだものだ。「そ、そ、そ、その犬っころたちをあっちへやってくれ、ナディーン!」そして犬たちがほかの部屋に閉じ込められると、ようやく家に入ってくるのだった。

わたしがへまをしでかしたその夜、ジェイミーは、お宅の娘はとんだできそこないだよと母に文句を並べ、店で起きたことを話した。彼は本当にいい隣人だったし、母は恥じ入って、損失分を支払った。母も気の毒に、娘の尻ぬぐいをさせられてばかりだ! その店では八カ月ほど働き、わたしはそのままスコットランドに残りたいと考えるようになった。母は、わたし一人を屋敷に住まわせることはできないと、父をお目つけ役として置いていくことにした。

ケント州へ戻る前、母は次の仕事を見つけるようわたしに言った。若い娘が何もしないで遊び歩いていては、世間体が悪かった。結局、アバディーンのベルモント・ストリートに四階建ての店舗を構えている大手アンティーク・ディーラー社、ウィリアム・ヤング商会に母が話をつけ、わたしはそこで働くことになった。もっとも、わたしは雇われたわけではなかった。娘を店に置いてもらうために、母のほうがお金を払っていたのだ。わたしがこのことを知ったのは、店を辞めた二年後のことだ。たしかに、おかしいと思うことはいくつかあった。遅刻しても何も言われず、ブリッジ・オブ・ドンにある陸軍兵舎から友人たちが遊びに来ると、昼の休憩時間をほかの人たちより長く取ることを許された。わたしはなんていい上司だろうというぐらいにしか思っていなかった。

店では販売員をしていたが、たいした役には立っていなかったのだろう。店には撮影用の大判カメラが一台あった。大きな箱のような形で、うしろから垂れている布を頭からかぶって撮影するタイプだ。わたしはそれで商品の写真を撮り、《カントリー・ライフ》誌に毎週掲載された。その仕事はかなり気に入っていた。

店には暗室があった。写真の現像の仕方はそこで習い、とても興味を引かれた。その技術がのちのち何かの役に立ったわけではないが、楽しい思い出だ。

はっきりとした週給は覚えていない。週に三日働いて、五ポンドほどだったろうか。しかし、それも母が出していたのだ。真相を知ったとき、わたしは激怒した。

＊＊＊

六〇年代といえば、もちろんミニスカートが大流行した時代だ。わたしのいとこ、ニキータの妻ジェインは、六〇年代のなかばにカーナビー・ストリートでミニスカートを購入した。けれど、気に入らないからと、わたしに譲ってくれた。母の反応は問題なかった。ミニと言っても、それほど短くなかったのだ。しかし、そこからわたしのスカートはどんどん短くなっていった。

わたしの基準では、立った状態でまっすぐ手を伸ばし、指先が太腿に触れるようでなければ、ミニスカートとは呼べなかった。父はわたしがミニスカートをはくのを喜んでいた。すらりとした脚を見るのが好きで、こう言っていたものだ。「おまえがミニを着れば、おまえの友人たちもミニを着て遊びに来るだろう」

一方、母は短すぎるスカートは下品に見えると考えていた。そういう理由から、父と二人でスコットランドにいるあいだは、わたしのスカート丈はごく短くなり、母がいるプロヴェンダーに戻ると、五センチほど長くなるのだった。

ハイランド旅団の訓練基地があるブリッジ・オブ・ドンの兵舎にはわたしの友人が大勢いて、将校用の食堂にしばしば招かれた。当時は兵舎の浴室は女性の立ち入りが厳しく禁じられていたが、食堂委員会委員長を務めていた将校がわたしに気があり、浴室を特別に使用する許可を与えてくれた。わたしは仕事を終えて兵舎へ行くと、浴室へ直行して湯を張り、持参した香りつきのバスオイルをたっぷり注いだ。そこは個室になった浴室がいくつか並んでおり、たまに何も知らない将校が隣の浴室に入ってきて、驚いた声をあげるのだった。「おい、なんだこのにおいは！」わたしは壁越しに声を張りあげた。「心配しないでいいわよ、わたしだから！」そしてお互いに壁をはさんで大笑いした。

わたしを女神のようにあがめていた若い将校が大隊を率いて、練兵場で行進したときのこと。

わたしは軍の上官や地元のお歴々と一緒に、観覧席で眺めていた。隊は観覧席の前を通過する際、来賓や上官がいる右側に顔を向けることになっている。そのあと、前方に顔を戻すよう、指揮官が指示を出すのだが、この若い将校はわたしに見とれて指示を出し忘れてしまった。隊は練兵場の端に到着するまで、全員顔を右に向けたまま行進した！　彼は叱責されたものの、観覧席にいたわたしたちは笑いが止まらなかった。結局、大佐とその副官は、わたしが紅一点だから、みんなちやほやするのだと考えて、別の若い女性を兵舎に連れてきた。女二人でいがみ合うのを期待したようだが、わたしたちはすぐに意気投合し、二人の友情は彼女が亡くなるまで続いた。

その女性、スー・パレンティは三年連続でミス・スコットランドの座に輝き、主催者側はルールを変更せざるをえなかった。彼女はわたしより七つ年上で、目を見張るようなスタイルと美貌の持ち主だった。彼女の父親、R・V・ジョーンズ教授は、第二次世界大戦中、チャーチル首相のもとでレーダーの開発に尽力した物理学者だ。彼女は教授の長女だった。わたしとスーは二人して、若い将校たちを翻弄する始末だったので、大佐の計画は大失敗に終わった。スーが若くして膵臓癌に命を奪われたのが残念でならない。

＊＊＊

わたしは外出ばかりしており、二年もすると父はスコットランドでの暮らしに飽きてしまった。わたしが見つけた父から母宛の手紙には、孤独なこと、母に会いたいこと、娘は家に全然寄りつかないことが綴られていた。父にはもう限界だったのだ。

わたしは二十歳になっていたが、二十一歳になるまで一人暮らしは禁止だった。一人で暮らすのは身持ちの悪い娘ぐらいなものだと母が言うのだ。仕方がないと、わたしはディーサイドに住んでいる友人たちのもとへ移り住んだ。

母のお眼鏡にかなった友人たちとは、一年近く一緒に暮らした。家は、一般的にはキンカと呼ばれる村、キンカーディン・オニールを流れる川を見おろす位置にあり、美しい場所だった。ポーチに出て服にアイロンをかけながら、ジェット機が眼下へと降下して川の上空を飛行するのを眺めたものだ。夏のあいだはそこに滞在し、そのあとも一度戻っている。もちろん携帯電話が登場する前の話だから、電話をしたいときは固定電話を使用しなければならなかった。通常、夏期の電話代は三十ポンドほどなのに、わたしがいたときは七十四ポンドに跳ねあがった。これには家主のロバートもかんかんだ！　母はお詫びのしるしに、ウイスキーをひとケース、彼に贈っている。

二十一歳になると、なんでも自分の好きにすることができるようになり、わたしはガワンブレーの屋敷に戻った。成人後はわたしが一人暮らしをしようと、母に文句は言えない。父と母もときおりプロヴェンダーからやってきては、屋敷に滞在した。母が盛大な晩餐会を開くのでなければ、料理は父がした。わが家はフィレステーキとライチョウで生きていたようなものだ。「またフィレステーキなの！」とか、「ライチョウはもう飽きたわ！」とぶつぶつ文句を言ったのを覚えている。ストーンヘイヴンの波止場まで出かけ、ロブスターを求めることもよくあった。あのおいしさは忘れられない。

スコットランドに暮らしているあいだ、父は何枚かのすばらしい絵を描いている。父方の祖母クセニアも水彩画をたしなんでおり、絵画を学んでいた父は芸術家の域に達していた。母方の祖母シルヴィアの自叙伝、『キャンドルに火を灯して』の表紙絵も、父がデザインしたものだ。バンチョリーの屋敷では、スコルティ・ヒルを見渡せる窓辺に父のデスクがあった。そこで描いた絵の何枚かは、アボインの画廊で販売された。父の風景画は特にすばらしく、何度か個展を開催している。わたしが生まれる前の作品もあれば、スコットランドの屋敷に住むようになってからのものもあり、かなりの高値で売れた。描かれている風景はどれもよく似ており、ロシアのものか、スコットランドのものかは判然としなかった。

父のスケッチブックはすべてわたしの手もとに残っている。父は似顔絵も得意で、母のほかにも、スターリンにヒトラーと、有名な人物の似顔絵をたくさん描いた。父は風刺画が上手だった。レストランへ行って、店内で何か不快な光景を目にすると、リネンのナプキンにその様子をささっと描くのだ。ロシア公《プリンス》のいたずら描きは店でもおもしろがられ、とがめられることはなかった。父は花も好んで描いた。中でもお気に入りはパンジーで、パンジーの表情は一つ一つ違うんだよと話していた。

母は、絵画の才能は親から子へと自然に受け継がれるものだと考えており、教える必要があることには気づかなかった。一九七一年、母は芸術に触れて自分の世界を広げられるよう、わたしをイタリアのフィレンツェに遊学させることに決める。

＊＊＊

父は、イタリア在住でロマノフ家協会総裁の任にあったロシア公ニコライに、自分の娘がイタリアへ行くので会ってほしいと手紙を送っている。ニコライの父ロマン・ペトロヴィチはニコライ一世のひ孫に当たり、クリミアでは父とともに自邸に監禁され、ロシア革命後は常に書簡で連絡を取り合っていた。

イタリアへ行く前、わたしの二十一歳の誕生日を祝い、プロヴェンダーで盛大な晩餐会が開かれた。その席で、わたしは父がスピーチをするのを初めて目にする。父は「わたしの大切な娘」について、愛情に満ちた言葉を述べてくれた。

イタリアに着いてすぐに出会った男性と、わたしは半同棲を始めた。親戚のニコライおじ様に会いに行くことも、芸術を学ぶこともなかった。唯一わたしが学んだのは、愛しい男性のことだけだ！

わたしは二十一歳、相手はおよそ四十八歳。名前はアルフィオ・ラピサルディ。彼自身はとても有名な画家で、得意とするところは馬と裸婦だった。シチリア人とトスカーナ人の血が半分ずつ流れ、俳優のオマル・シャリーフによく似た風貌だった。なんと懐かしい時代だろう！

わたしが住んでいたのは、今では観光客向けの店も増えたアルノ川の南岸、サン・ニッコロ通りで、彼はサンタ・クローチェのパラッツォ・ヴェルディに住んでいた。彼には妻がいた――まだ結婚しているのだとわたしは思っていたが、実際にはすでに離婚していたらしい。きみに対して不実なまねなどするものかと彼は言っていた。

わたしは芸術にも文化にも特に興味はなく、毎日のようにただアルフィオと会っていた。彼は自分のフェラーリのハンドルを握らせてくれ、わたしはイタリアのミラノとナポリを結ぶ高速道路を飛ばして、プラクティカ・ディ・マーレと呼ばれる、イタリアの名家、ボルゲーゼ家所有の地所まで行った。そこには彼の別荘があった。本当に楽しい時間だった。

フィレンツェで一年過ごしたあと、わたしはアルフィオを連れてプロヴェンダーに戻った。

けれど、彼は英語を話すことを拒絶した。その頃はわたしもイタリア語を話した。父はイタリア語を話すのは三十五年ぶりで少々錆びついていたが、母はひとことも話せなかった。なのに、わたしの母とアルフィオはあっという間に仲良くなった。母は自分の声の響きが好きで、アルフィオはしゃべるのが好きだったのだ。

母は屋敷の反対側に、自分専用の厨房を持っていた。今ではもうその場所はない。わたしとアルフィオは母の厨房へ行っては、母が料理するのを眺めたものだ。二人は途切れることなくおしゃべりし、別々の言葉を使っているのに、それなりに理解し合っているように見えた。もちろん、父と彼はイタリア語で会話を交わした。

母がアルフィオのために用意したのは、わが家で一番いいゲストルームで（そこは今では物置だ）、そこには幽霊が住み着いていた。初日の夜は寝室のドアが開いたり閉まったりを繰り返し、アルフィオの眠りをさまたげた。最初はわたしがやっているのだと思ったそうだ。けれど、わたしは子ども部屋にいた。かなりあとになるまで、そこがわたしの寝室だったからだ。

子ども部屋の前の廊下は踏むだけで大きな音をたててきしみ、わたしが部屋から忍び出ようとすればすぐさま母に気づかれただろう。とにかく母は耳ざといのだ。そうやって母に見張られているのだから、わたしであるはずはなかった。

結局、アルフィオとの関係からは何も生まれなかった。歳が離れすぎていたのだろう。わたし自身、移り気なところもあった。飽きやすい性格なのだ。

アルフィオはすばらしい馬の絵を描くものの、裸婦のほうは……なんというか、《ペントハウス》誌の見開きページを開いたような具合だ。彼の裸体画はひどく生々しかった。

地元の狩猟大会で馬にまたがる姿を描いてもらおうと、わたしは彼をイギリスに招こうとしたが、大会が開かれた週末にはあいにく彼の都合がつかず、乗馬服姿で黒い愛馬に乗ったわたしの写真を送ることにした。

彼は三枚の絵にそれぞれ異なるわたしの騎乗姿を描いてくれた。どれもすばらしい出来で、今もプロヴェンダーの踊り場に飾ってある。乗馬服のジャケットはグリーンやブルーとずいぶんカラフルな色に変更され、うち一枚の絵では馬が馬具さえつけていない。だが、馬にまたがっているわたしは、少なくとも裸ではない！

わたしは十二年前にフィレンツェをふたたび訪れ、アルフィオと数十年ぶりに再会を果たした。今でもたびたび会いに行っている。九十歳を超えてもなお魅力的な男性だ。

数年前にサンクトペテルブルクを訪問したおり、わたしはフィレンツェに遊学したときに会いに行くはずだったニコライの妻スヴェヴァと、冬宮殿を散策した。「オリガ、一つ質問させてちょうだい。何十年も前のことだけれど、あなたはイタリアにいながら、トスカーナにいたわたしたちを訪ねてこなかった。そのことは後悔している？」彼女に尋ねられて、わたしは答えた。「ええ、本当は後悔しているわ」。アルフィオのことはみんな知っていた。父の望む通りにしていればよかったと今では思う。

＊＊＊

イタリアから戻ったわたしは、イギリス海軍の男性としばらくつきあったあと、ドイツへ行った。父の遠縁に当たるホーエンローエ家がヘッセン州南部の市、ダルムシュタットに住んでおり、このときも父は手紙を書いてくれるのだが、わたしは会いに行かなかった。つくづくいやな娘だった。

わたしは母方のいとこ、ヘンリー・ソンズとオーストリアのチロル州にある都市キッツビュールにしばらく滞在し、その後帰国した。それまでBMW2002に三年ほど乗っており、この車でギリシア中を旅した。わたしはイギリスで同型の新車を購入しようと思い立った。

セオ・マシューがBMWのディーラーをしているのは覚えていた。彼に頼めば安値で手に入れられるはずだ。わたしは電話をかけ、二、三年ぶりにこう言った。「こんにちは、ボルディ」。彼ははげ頭《ボルディ》ではなく、頭部は豊かな髪で覆われているが、正式な名前がセオボルドなので、「ボルディ」というあだ名がついていた。

一台調達するよと彼は応じ、シルヴァーのBMW2002が約束通りやってきた。ショールームで直接買ったほうが一千ポンド以上安かったことに気づいたのは、それから八カ月ほど経ってからだ。次にセオに電話をしたとき、応答したのは弟のトマスだった。彼はわたしに尋ねた。「今、どこにいる?」

「クィーンズ・ゲートに住んでる友人の家よ」。わたしは答えた。

「迎えに行くから、二人で夕食に出かけよう」

そうして外出したのが、二人のつきあいの始まりだった。

一人っ子のわたしは、子どもが十一人もいるマシュー家を訪れたとき、クリスマスや新年のお祝いはさぞかしにぎやかですてきだろうと考えた。クリスマスのカタログに載っているような、仲むつまじい大家族を想像したのだ。現実には、喧嘩や口論が絶えず、全員で一つの部屋にいることなどほぼ不可能なことには思い至らなかった。幼少期にはときおり寂しい思いをし、近所の友人たちが寄宿学校へと去ったあとはなおさら孤独を味わったわたしには、大家族の一員となるのはすばらしいことのように思えた——けれど、思った通りにはならなかった。

第七章

プロヴェンダー

ファヴァシャムのこの土地には、およそ十世紀頃から人が住んでいた。母と母方の祖母シルヴィアは、ここはエドワード黒太子の狩猟用の屋敷だったと考えていた。彼が埋葬されているカンタベリー大聖堂は、ここから二十キロほどしか離れていないからだ。しかし、屋敷の修復作業の行程で建物を調査した専門家たちは、その可能性はないと断言している。

十三世紀、ジョン・ド・プロヴェンダー卿はこの土地を購入し、その息子イライアスが屋敷を建てた。Hの形をした巨大な建物は、現在よりもはるかに大規模だったものの、一階中央に大広間がある二階建ての構造はずっと変わらない。ダイニング・ルームを含む屋敷の基部は十三世紀のものだ。暖炉は人一人が中を登れるほど幅があり、内部には今も回転式の焼き串がある。わたしも子どもの頃はよく炎の前に腰をおろし、暖炉から吹き込んでくる雪を眺めた。

ダイニング・ルームの真上には真束小屋組の家族部屋と主寝室があり、どちらの部屋も十三世紀にまでさかのぼる。

修復作業中、屋根が取りはずされると、外側の梁の数から、当初の屋敷の大きさが判明した。十三世紀の人々はおのれの財力を誇示する目的で、屋敷の内側ではなく、外側に贅を凝らしたため、梁の本数とそれぞれの間隔から、持ち主の財力が推測できる。ド・プロヴェンダー家は裕福だった。

その後、屋敷はルーカス・ド・ヴィエンに買い取られ、さらにほかの一族の手から手へと渡る。地元ケント州の一族は、それぞれの時代の君主に仕える者たちだったが、やがてヒュージェスン家がトマス・セール・オブ・レナムの家族から屋敷を買い受けた。

ヒュージェスン家は豪商だった。彼らは四百年という、歴代の所有者たちの中でも群を抜いて長い期間、プロヴェンダーを所有した。ハーバート・マクドゥーガルとシルヴィアが駆け落ち後に結婚式を挙げ、母とその妹たちが洗礼を受けたリンステッド教会のそばに、ヒュージェスン礼拝堂がある。

プロヴェンダーの屋根についている風見がキツネの形をしているのは、ここがヒュージェスン家の狩猟地だった名残だ。かつては多くの人々が自分専用の狩猟地を持っていた。まだ道路も通っておらず、開けた野辺は狩りにうってつけだった。およそ百五十年前、この地での狩猟は終わりを迎え、猟犬たちは地元ティッカムの狩猟場へ引き取られている。ティッカムは祖母のシルヴィアがハーバート・マクドゥーガルと出会った場所だ。

ヒュージェスン家はクリケット・クラブのオーナーでもあった。屋敷から道路を進んだところで、クラブはプロヴェンダー・クリケット・クラブとして復活し、わたしが会長を務めている。

屋敷の歴史に話を戻そう。十八世紀、ウィリアム・ウェストン・ヒュージェスンには二人の娘がいた。ドロシア・ヒュージェスンはジョセフ・バンクス卿に嫁いでいる。この男性は海洋探検家キャプテン・クックが指揮するエンデヴァー号に植物学者として乗船し、南太平洋を旅した。バンクス卿は短い期間、プロヴェンダーに住んでおり、北米産のヒッコリーとヨーロッパグリを植樹している。モッコウバラも植えられていたが、わたしの母の庭師が刈り込みすぎて枯れてしまった。

ドロシアの妹メアリーは、ケント州のマーシャムの第八代準男爵エドワード・ナッチブル卿のもとに嫁入りした。父親のウィリアム・ヒュージェスンが一七六四年に没すると、娘二人がプロヴェンダーを共同相続する。エドワード・ナッチブル卿の一族は名前をナッチブル＝ヒュージェスンと改め、その後二、三世代がここに住んだ。

作家のジェイン・オースティンがかわいがっていた姪、ファニー・ナイトもプロヴェンダーの住人だった。ジェインの兄、エドワードは裕福な親戚の養子となり、ナイトの家名を受け継いだ。ナイト家はこのあたりの郷士だった。

ファニーは初代ブラボーン男爵となる、第九代準男爵エドワード・ナッチブル＝ヒュージェスンと結婚した。この近くにあるノートンという村の名前は、初代準男爵の名前から来ている。ジェイン・オースティンの書簡集には、彼女がプロヴェンダーに住むファニーに宛てたものも収められている。

エドワードとファニーはプロヴェンダーで何年か暮らしたものの、この屋敷では使用人を住まわせるのには手狭だと感じたようだ。エドワードの父親が死去すると、夫妻はマーシャムへ移った。夫の死後、ファニーはプロヴェンダーに戻っている。マーシャムの屋敷でもそうしたように、彼女は美しい庭を造ることに心を注いだのではないだろうか。当時の庭は残っておらず、残念ながら記録もない。

一八九〇年に入ると、ブラボーン男爵家は財政的危機に瀕し、プロヴェンダーの屋敷をまわりの土地と農舎ごと賃貸に出すことを決める。それを借りたのが母方の曾祖母、コンスタンス・ボルグストロムだ。

先述の通り、夫を亡くした彼女にプロヴェンダーを薦めたのは、ケント州で教区牧師をしていた義弟だった。曾祖母は四頭立ての馬車を持っており、納屋を厩舎として使用した。一九一二年、ブラボーン男爵家の経済状況はさらに悪化し、屋敷と土地に農場、農舎、小作人用の家屋《ファームハウス》までつけて売りに出した。

わたしの祖父母、シルヴィアとハーバート・マクドゥーガルは、曾祖母のコンスタンスの代理として物件の競売に参加した。土地から農場まですべてまとめて格安の売値だったにもかかわらず、農業を見下していた祖母のシルヴィアは、四百エーカーの土地と農舎やファームハウスはすべて断り、三十七エーカーの土地とプロヴェンダー・ハウスのみを購入した。賢明とは言えない判断だった。

＊＊＊

ファームハウスと農舎は、自給自足の目的で十五世紀に建てられた。建物の窓はすべて屋敷のほうを向いている。わたしが幼い頃までは、牧場に牛がいた。屋敷の裏手にファームハウスが並ぶ光景は、何百年も変わらない。

屋敷の中に秘密の通路があるとしても、発見されたことはまだない。地下トンネルは存在するが、わたしが生まれてから、入り口が開けられたことは皆無だ。入り口自体は屋敷の庭と、向かいの家の庭、それに別の家にあるものの、それが地下でどうなっているのかはわからない。

わたしの母は幼い頃、庭師と一緒にロウソクを手に持ち（ロウソクの火が消えたら酸素がないとわかる）、地下トンネルにおりたことがあった。氷を積みあげたアイスドームのように精巧な赤レンガ造りのトンネルが、美しいアーチを描いてどこまでも続いていたそうだ。いつの日にか入り口を開けることがあるかはわからない。何かあったのなら、第二次世界大戦中、プロヴェンダーが徴用されていた際に、兵士たちが見つけていただろうと思う。

祖母のシルヴィアは、バラの茂みが模様を描く、美しいバラ園を造っていた。八十歳ぐらいまで自分で鍬を握って土を掘り、枯れた花を切り落としていた。彼女は立派な園芸家だった。

八十代後半になってもその調子で、わたしの母は庭まで行って、祖母を家の中まで文字通り引っ張り込まなければならなかった。「お母様、家の中に入るか、帽子をかぶるかしてください。体に障りますよ」。祖母はまめまめしく体を動かす女性だった。ただ座ってお茶を飲んでいるたぐいのおばあちゃんではない。

シルヴィアは一九六二年に死去し、それと同時に問題が持ちあがった。祖母は結婚後もフィンランド国籍のままだったため、渉外相続となるのだが、イギリスとフィンランド、どちらの国の法律に従うべきかという点が、当時は明確に定まっていなかった。八十九歳になった祖母はわたしの母にこう訴えたものだ。「わたしをフィンランドへ連れていっておくれ。死ぬときには母国で死ぬよ」

「海外へ移住なんて、そのお歳では無理ですよ」。母は言い返した。

「今のうちにわたしがフィンランドへ戻っておかないと、いずれあなたが苦労することになるわよ」。祖母はいつもそう言っていた。

そして祖母の言葉は現実となる。祖母が母国フィンランドで法的な手続きを取っていれば、相続が問題になることはなかったのだ。実際には、この問題を解決するのに十一年もの歳月を要した。そのあいだ、わたしの母は借金を重ねた。最後はすべて丸く収まるものと考えていたのだが、そうはいかなかった。屋敷の名義変更がようやく終了した頃には、さまざまな手続きにかかった経費を差し引くと、残った遺産はわずかだった。そしてそれが終わりの始まりとなった。

＊＊＊

わたしの祖母は分別のある落ち着いた暮らしを好み、屋敷のしつらえはその建物の年齢と調和させるものだと考えていた。しかし、祖母が亡くなると、母は屋敷の内装をすべて変えることにした。母はゴールドなどの華やかな輝かしさを好み、家の中もぱっと明るくしたがったのだ。なんにでもゴールドを取り入れるのは一九六〇年代の流行だった。

母がゴールドと白の内装にこだわったのは、冬宮殿で多用されている配色だからという理由もある。自分の夫は静かで快適な暮らしを好み、そもそもロマノフ一族は派手な暮らしを送っていなかったことを、母は理解していなかった。彼らは宮殿内の屋根裏部屋に暮らしていた。

天井はかなり低く、普通ならメイドが住むような場所ながら、全体にヤシの木の鉢を飾り、レースカバーを広げたソファをいくつも配してあった。当時はそれがファッショナブルだったとはいえ、はるかに豪奢に暮らせたことを考えると、あまりに質素な暮らしぶりだ。公式訪問や式典でもなければ、宮殿内の広間は実際には使用されなかった。それは理解できるが、少しは洗練されたしつらえにして、多少なりともましな暮らしを楽しんでもよかったのではないだろうか。かくいうわたしもプロヴェンダーの屋根裏を寝室にしていて、それを気に入っているが！ 友人の一人からはこう言われた。「でも、オリガ、どうして屋根裏になんて住みたがるの？ ばかげているわ。一階にもっといい部屋があるでしょう？」

わたしは彼女に言った。「そうね、わたしの性格に合っているからよ」

母は夫が生まれ育った宮殿を思い出せるよう、屋敷にきらびやかな装飾を施した。しかし、父はゴールドや派手派手しいものに興味はなかった。

祖父のハーバート・マクドゥーガルが一九六七年に死去すると、母にもわずかながら遺産が入った。祖父とその後妻のシスリーは、所有していた大邸宅、カウストン・マナーを一九六三年に売却し、ロンドンのウィルトン・クレセント二十三番地にある四階建ての瀟洒な館と、すぐそばのウィルトン・ロウ十一番地を購入していた。わたしたちはときおりウィルトン・ロウに滞在し、すばらしい時間を過ごした。祖父たちはサセックスにも広大な農場を所有していた。

シスリーには並外れた商才があり、しばらくするとウィルトン・クレセントの館をアパートメントに改築して売り払い、その後ウィルトン・ロウのほうも売却した。

一九七〇年代には、わたしもしばしばそこに滞在している。それぞれのアパートメントには寝室が二つから三つあった。シスリーは自分がロンドンを訪れるときのためにアパートメントの一つを取っておき、地下は管理人用の住居にしていた。わたしがいつも通りのジーンズ姿でアパートメントを使っていると、ウィルトン・クレセントに住む者にふさわしいよそおいではないとシスリーから苦情を言われた。ジーンズにトレーナーで玄関から出るところを見られるなんて!

わたしの娘は不動産業に就いており、ウィルトン・クレセント二十三番地の前を通りかかると、ため息をついてこう漏らす。「ああ、これほどの物件が今もわが家のものだったら」。現在ではそこのアパートメントひと部屋で数百万ポンドの値段がつく。

＊＊＊

祖父ハーバート・マクドゥーガルは信託財産を遺したが、プロヴェンダーを抱えている母にとっては、焼け石に水も同じだった。屋敷の維持には莫大な費用がかかり、それは今も変わらない。一九六九年にかかった費用は二万五千から三万ポンドのあいだだったと母は話していた。

それには母の交際費、それにおそらく服飾費も含まれていたのだろう。当時としては目が飛び出るような金額だ！　しまいに母は屋敷にある品物を売るようになり、父の死後は蓄えが完全に底をついた。

　だが、祖父のハーバートがわたしのために遺した信託基金はまだ手つかずの状態だった。一九七〇年、お金が必要になった母は、カンタベリーにあった弁護士事務所へわたしを連れていき、信託資金を自分に譲渡する書類にサインするよう懇願した。担当の弁護士は仰天し、確認のためにわたしを脇へ呼んだ。「あなたは自分が何をしているのか、本当にわかっているんでしょうね？」

　当時のわたしはお金のことに無頓着だった。「ええ、わかっているわ」。まだ父の生前で、母が夫にふさわしいと考える暮らしを守ろうとしているのは知っていた。それに、母はいつもしつこいくらい繰り返していた。「どのみちあなたは裕福な男性と結婚するんですからね」

　結局、投資信託二つを解約した。金銭感覚の乏しいわたしのことだから、祖父の遺産は遅かれ早かれ、使い切っていただろう。やがて母は借金を抱えるようになり、屋敷から少しずつ家財が消えていった。

　それ以前に、母はすばらしい申し出を一度しりぞけている。一九六四年、わが家の玄関先に一人の男性が大きな車で現れた。彼はある収集家の代理でアンティークを買い求めており、母にこう切りだした。「こちらの客間にそれは見事なルイ十五世時代の机が、それも大型のものがあるとうかがいました。現金で三万四千ポンド、すぐにご用意できるのですが、売却されるおつもりはございませんか」

「考えてからお返事をさせていただきますわ」。母はそう答えた。母は銀行につてがあり、電話をしてその男性の身元と、本当にそれだけの大金を払えるのかを確認した。当時は、現在では違法となっている個人情報の調査も簡単にできたのだ。

母は一週間思案し、父とわたしは机を売るべきだと繰り返した。わたしはまだ十四歳で、家計が苦しいことは知るよしもなかった。それでも、三万四千ポンドと言ったら、一九六四年には大金だ。

結局、母は申し出を断ってしまった。まだ祖父のハーバートが健在で、母の言い分はこうだった。「父の耳に入ったら、わが家が困窮しているように思われるでしょう。そんな恥をかくぐらいなら、断ったほうがましです」。それから何年も経ったあと、母はサザビーズでその机を売りに出し、一万ポンドにしかならなかった。逃がした魚は大きかった。

母に借金があることは誰も知らなかった。フィンランドの親戚も、母がすでに財産を使い果たしているとは思いもしなかっただろう。誰もが母は裕福なのだと考えていた、なぜなら、あたかもそうであるかのように母が暮らしていたからだ。それに、ロシア公アンドレイの妻である母に、まわりは喜んでお金を融通した。

母は自宅で頻繁に客をもてなした、それもこの上なく華々しいやり方で。地元のホテルから給仕のために人を雇い、わが家の庭師の一人が執事役を務めるのだった。

実質的には、その庭師はなんでも屋だ。わが家へ来る前は、果樹園で剪定の仕事をしていた。ある日、果樹園で給料の値上げを交渉したところ、スズメの涙ほどしかあげてもらえなかった。彼はすぐさまわが家の玄関ドアを叩いて、母に尋ねた。「ここで働かせてもらえますか?」母は言った。「いいですよ」。そうして彼はわが家の庭師になった。

もとはイギリス海軍所属で、本当に役に立つ男性だった。数年後には運転手も兼ねるようになり、必要に応じて執事にも早変わりした。海軍時代、バミューダで司令官の当番兵を務めており、カクテル作りの達人でもあった。

プロヴェンダーの庭は三エーカーあるが、現在ではそのほとんどが荒れ地になっている。父は上手に庭を手入れしていた。三輪車のような形をした乗用芝刈り機を持っており、それに乗って前進すると、前部の刃が草を刈っていった。茶色い瞳と黒髪の父は、日焼けをしても肌は赤くならず、マホガニー色の深みを帯びた。父は陽光のもとにいるのが好きだった。肌を焼きながら、お気に入りの芝刈り機を庭の端まで進めてはこちらへ引き返していたものだ。

父は庭のあちこちでたき火をするのも好きだった。アジサイの花が咲き終わると、剪定をして花殻や葉を火にくべるのだ。一方、母は火の扱いにうるさく――実のところ心の底から火を恐れていた――庭の一角から煙がひと筋立ちのぼるのを目にするなり、大声をあげて外へ飛びだした。「だめです、やめてください！」母はふたこと目には〝だめです〟と言ったものだ。「だめです、ここはたき火禁止よ、わたしの庭なんですからね。ここで燃やすのはわたしが許しません。危険だからだめです」

するとしく父はこう言い返すのだった。「では、葉っぱや枝はどうするんだ。放置するわけにはいかないだろう」。庭をめぐる夫婦喧嘩は絶えることがなかった。

＊＊＊

わたしと同じで、父も正装が苦手だった。心《しん》から嫌っていた。ロンドンへ出かけるとき以外は、いつも着古した服を着ていたものだ。帽子は皮脂でべとつき、コートには穴が空き、ズボンは汚れていた。ときおり母は父の服と帽子をまとめて焼却しようとするのだが、父はすぐに見つけてクローゼットに戻すのだった。父が着慣れていた服の多くは穴が空いていた。それでも、たまにクリーニングには出していた。

ふだん着のまま玄関で応対したり、庭に出ているときに予期せぬ来客があったりしたりすると、相手は父の格好を見て庭師と勘違いしたものだ。屋敷の中に通されて、「今、庭師の方とおしゃべりをしてきたところですよ」と話す客に、母は「それは庭師ではありません――ロシア公ですわ」と、訂正しなければならなかった。父はたびたび庭師と間違えられていた。

おまけに、父は英語の発音があまりうまくないせいで、来訪者に向かってうなり声のような音をたてることがあった。見知らぬ人や、会いたくない相手と話をするのは好きではなく、庭師に間違われるのを喜んでいたぐらいだ。父はさっさと菜園に引っ込み、庭仕事を再開するのだった。

屋敷にはヴィクトリア朝時代に作られた温室があった。鉢植え用の納屋が併設され、そこにボイラーが備えつけられている。そこから温室全体にパイプをめぐらせて、冬場でも暖かさを保つことができた。残念ながら、一九八七年の嵐で温室は倒壊したが、父はメロンやズッキーニなど、すばらしい果菜を栽培していた。父は温室で過ごすのをこよなく愛し、また、そこにいれば母の邪魔になることもなかった。父は野菜作りがうまく、労をいとわず世話をした。高齢になってからも、無為に時間を過ごすことはなかった。

母は土いじりが好きではなかった。果物を摘んだり、バラの花殻を切ったりするのは喜んでやるものの、園芸の知識がありながら、本腰を入れることはなかった。その点は、わたしも母に似たらしい。美しい庭は大好きだけれど、土をいじるのはまっぴらだ！

母は本物のもてなし上手だった。母が主催した晩餐会やパーティーは今や伝説だ。しかし、その豪華さはすべてうわべだけのものだった。勘のいい父はおそらく内情の深刻さに気づいていたのだろうが、できることはたいしてなかった。銀行口座は夫婦で分かれていたし、父もわたしには何も話さなかった。相談されたところで、わたしはなんの役にも立てなかっただろう。

母は家計については何も言わなかったものの、会計士を次から次に雇ってはくびにしていた時期があった。誰に相談しても、あとは屋敷を手放すしかないと口をそろえて言われたのだろう。母がロンドンの大手会計事務所に電話をかけ、泣きながら相手を罵倒していた姿が今も目に焼きついている。

一九六九年から一九八〇年まで、母はスコットランドのクライズデール銀行から、預金の一部を毎週現金で送付してもらうようにしていた。当時はイギリスの小さな商店でも、スコットランド紙幣を使用することができ、母はその紙幣をチップ用に使っていた。それに、ファヴァシャムにある店に品物を電話で注文し、タクシーの運転手に取りに行かせていた。

父も、現金を手に肉や魚を毎日買いに行くのが好きだった。だが、家計については母に任せきりにしていた。父は育ちが特殊なせいで、買ったものの支払いはほかの誰かの役目だった、女王陛下と同じように。一九二〇年代、アクセサリー店を開いていたときに二度も売上金を盗まれたのは、父があまりに世間知らずだったからだろう。父はお金の扱いに無頓着すぎたのだ。

＊＊＊

父の切手のコレクションはすばらしいものだった。父は切手について詳しく、切手商社スタンリー・ギボンズの切手カタログの改訂版が出るたびに、買い求めていた。ほかのコレクターと切手を交換し合ってコレクションを増やしており、一九七〇年代のある時点で、収集した切手をかなりの高値で売り払った。自分でものを売り、収入を得たことに父はいたく満足していた。父は受け取った手紙はすべて封筒に戻して保管していたが、切手が残っている封筒はほとんどない。

　ロマノフ家の人たちはみんな切手を集めていた。父方のいとこのアレクサンドルは、一九五〇年代には祖母のクセニアのもとで暮らしていた。彼の話では、ウィルダネス・ハウスに手紙が届くと、祖母が知りたがるのは誰からの手紙かではなく、どんな切手かだったそうだ。

　父は皮肉のきいたユーモアの持ち主だった。けれど、外国語なまりが強く、見た目もかなり外国風だったため、そのユーモアが常にまわりに伝わるわけではなかった。父は何食わぬ顔つきでわざと言い間違いをし、母をからかった。「おや、ムーミイ（お母さん《マミー》の発音の意図的な間違いだ）、あそこにドオオヴ（鳩《ダヴ》をわざと伸ばして発音する）がいるな」と、そんな具合だ。すると母は心底いやそうな顔をするのだった。

父は子どもの頃、誰が一番大きなおならやげっぷをするかと、いとこたちを相手によく競い合った。男の子がよくやる遊びだ。実際、父は会話の最中、まわりに気づかれることなくげっぷをすることができた。昼食会や晩餐会の席で、平然とげっぷをするのだが、まわりはきっとロシア語なまりだと勘違いして、「失礼、なんとおっしゃったのかな、アンドレイ公?」と聞き返すのだ。そんなときの母の怒りようといったら! 母はテーブル越しに目をつり上げて父をにらみつけた。

父はひどい難聴でもあった。ロシアでは礼砲が頻繁に撃たれ、近衛騎兵連隊に所属していた父は、その大音に始終さらされた。当時は耳を保護するイヤー・プロテクターのようなものはなく、礼砲の音が聴覚に障害を与えたのだ。

五〇年代の補聴器は大型で――イヤフォン部分とは別に箱型の本体があった――その後、時代とともにぐんと小型化した。父には母の声は聞こえ――もともと甲高いのだ――怒るとさらにきんきんと鋭く響くものだから、夫婦喧嘩が始まると、父は補聴器のスイッチを切っていた!

父はカクテル・パーティーが大の苦手だった。大勢がいる場所では補聴器は雑音がうるさく、最近の精巧な補聴器でも、ハウリングを起こしてしまうそうだ。そういう理由から、父はカクテル・パーティーでは補聴器のスイッチを切っていた。けれど、わたしの声はいつもちゃんと聞こえていた。おそらく母譲りで甲高いのだろうが、父はわたしの声の高さは聞き取りやすいと言っていた。

父は射撃が好きだった。寝室の窓から鳩を狙って撃ち落とすのだ。屋敷の中でいきなり、バン！　バン！　と大きな音があがるものだから、母は肝をつぶした。

近所に住んでいるアーサー・フィンという農夫は、かつてはこのあたり一帯の土地を所有しており、その祖父は農場を持っていた。祖父は子どもにも孫にも土地を遺さず、アーサーたちは競売にかけられた土地を買い戻さなければならなかった。六〇年代の初頭からなかばにかけてのことだっただろうか、アーサーは勢子を使わずに犬とハンターだけで狩りをする、ラフ・シューティングを行っていた。今でもやっているものの、獲物の数はかつてほどではないようだ。

ある日、母は彼に頼んだ。「アーサー、アンドレイも誘ってちょうだい。あの人は鳥撃ちが大好きなんですから」。たしかに、父は鳥を撃つのが好きだったが、鳥撃ちに行き
たがっていたかというのはまた別の話だ。とにかく、晴れ渡った朝、アーサーは父を狩りに連れだした。少し行ったところに、珍しい蘭が群生している野原があった。丘の上の美しい場所で、ヤマシギの季節だったため、その日は特にたくさん飛んでいた。鳥を追ってみんな移動したのに、父だけはついて来なかった——耳が遠くて指示が聞こえなかったのだろう。あとから聞いた話で

は、アーサーが父を探しに引き返してくると、父は野原にたたずみ、ただあたりを眺めていたそうだ。地形や眺望、それにヤマシギが飛ぶ様が、父にロシアを思い起こさせたのだ。

わが家にはとても立派な十六番散弾銃があった。今ではなかなか手に入らない銃で、結婚の際に母が父へ贈ったものだった。あいにく、この銃は売ってしまった。わたしも狩猟が好きなので、手放すときは悔しい思いをした。父はわたしが射撃を学ぶのを歓迎した。スコットランドにいるあいだ、わたしは射撃を習うことを許された。母が文句を言っていたのを覚えている。「アンドレイ、娘に射撃を習わせるのはいい考えかしら？　あまり女性らしくも、レディらしくもないでしょう？」

すると父はこう返した。「いい考えに決まっているよ。オリガは狩りや釣りを覚える必要がある」。父は女性もそれらのことができるべきだと考えていた。

その一方で、父はわたしがロンドンでモデルの仕事をするのは許さなかった。母からはこう説明された。「あなたのお父様は、自分の娘が商売女のようにステージを歩くのがいやなんですよ」。つくづく残念だった、モデルをやりませんかと誘われていたのだから。父に反対されなければ、わたしの人生は違っていたかもしれない。

父は家で過ごすのを好んだ。ある夜、父と母は地元の名士の屋敷に招かれた。相手はロシア公《プリンス》の知己であることを大勢にひけらかしたかったのだが、父は外出をしぶった。家で子どもたちと――わたしとその婚約者のことだ――夕食を取るほうがいいと断り、結局、母が一人で出かけた。三人でテーブルを囲み、赤ワインを飲んでいると、父はわたしたちに顔を向けて言った。「プリンスがやってくるのを期待していたんだろうが、侍女でかまわないだろう！」

第八章

子どもたち

一九七五年の十月、わたしはトマス・マシューと三時間のうちに、二つの教会で式を挙げた。最初の式はロンドンのエンペラーズ・ゲートにあったロシア正教会で執り行われ、六人の冠の運び手がいた――トマスの兄弟全員と彼の義兄だ。正教会の式には花嫁付添人はいない。いるのは冠の運び手と、クッションの上にのせた聖像を手に、新郎新婦を先導するページボーイのみだ。

正教会での式が終わると、トマスの母のアパートメントでひと休みし、ローマカトリックの教会、ブロンプトン礼拝堂《ザ・オラトリー》で次の式を行った。巨大な礼拝堂に対して、参列者はほんの六十名ながら、美しい花飾りで彩られ、聖歌隊の賛美歌がわたしたちを祝福してくれた。ここではページボーイに二人の花嫁付添人が――どちらも新郎の親戚だ――加わった。

式後はザ・ドーチェスターで結婚披露会が開かれた。六十人の招待客は主にマシュー家の人々で、彼らは親族が多かった。晴れた美しい一日だった。

今では四十歳になる最初の子ども、ニックことニコラスは、一九七六年十二月六日、ロンドンのクイーン・シャーロット病院で誕生した。その日は聖ニコラスの日で、フィンランドの独立記念日でもある。ニコラスという名前は、ニコライ二世からではなく、ダウンサイド大修道院のニコラス・パスモア修道院長からいただいたものだ。「長男にはわたしの名前をおつけなさい」。わたしは修道院長からそう言われていた。

破水したとき、わたしはプロヴェンダーにいた。それより二週間前、オーク・ルームの天井が、ちょうどピアノの真上で水漏れした。破水したわたしは階段の降り口まで急ぐと、「水が出たわ！」と叫んだ。母とわたしの夫は、またどこか水漏れしたのだと勘違いし、さんざん悪態をついたあとで、ようやく何が起きたかに気がついた。

時刻は夕方の六時ぐらい、プロヴェンダーからロンドンのクイーン・シャーロット病院までわたしを車で運ぶリハーサルは一度もしていなかった。帝政ロシアでは、出産予定日が過ぎても生まれる兆候がないと、妊婦を馬車に乗せてでこぼこ道を走らせ、体を揺さぶって陣痛をうながしたという。しかし、すでに破水しているわたしにその必要はない。父は運転手に頼んだ。「注意してくれ、くぼみなどに落ちないように。衝撃を与えたら、子どもが出てきてしまう」

プロヴェンダーを出発したあとも、わたしは頻繁に尿意をもよおし、何度もガソリンスタンドに立ち寄った。しかも、当時は現在と違い、ガソリンスタンドはロンドンへ向かう幹線道路沿いにはなかった！　けれどもロンドン市内に入ると、運命が味方してくれ、病院があるハマースミスまで、すべての信号は青だった。

陣痛の苦しみについて、母からさんざん吹き込まれていたわたしは、無痛分娩を希望した。わたしの妊娠がわかると、母は名高い産婦人科医のミスター・ルイスに電話をした。クイーン・シャーロット病院の特別棟にわたしの部屋を予約し、その隣の部屋を自分のために確保しようとして、ミスター・ルイスに断られている。「大変申し訳ありません、アンドレイ公妃。ここではそのような手配はできかねます。病室は患者用であって、患者の付き添い用ではありません」。もっとも、最近の病院ではそうとも限らないようだ。

病院に到着したとき、わたしはすっかりおびえきっていた。ミスター・ルイスにこう言われたのを覚えている。「いいですか、あなたが看護師たちに礼儀正しくしていれば、彼女たちも親切にしてくれますよ」。わたしは車椅子で分娩室に運ばれ、麻酔薬を打ったあとは、何もかも簡単だった。深夜二時、ニコラスは比較的楽に生まれた。

出産から二、三時間もすると、わたしは元気に跳ねまわっていた。翌朝十時には、わたしの両親は部屋にいた。「きみは持つことのなかった息子だ」。父は母にそう言った。

父は子ども好きだった。十二月にニックを出産したわたしは、翌年の五月に帰省し、プロヴェンダーでひと夏を過ごした。父は育児を手伝い、赤ん坊といるだけで楽しそうだった。けれど、厨房で父が朝食を取っている最中に、わたしが入ってきて、シンクで赤ん坊のお尻を洗い、テーブルの上で新しいおむつを当てるのには閉口したようだ。その頃はまだ布おむつで、紙おむつはなかった。最終的には、父はわたしに懇願した。朝食中は、厨房でのおむつ替えはやめてくれ！

母は父との結婚時には、夫の宗教であるロシア正教会に改宗しなかったものの、孫が誕生すると、ロシア正教会の信徒になった。父が亡命ロシア正教会でロマノフ一族筆頭を務めており、初孫と一緒に教会へ行くのもよさそうだと考えたからだ。

母は一風変わった信仰心の持ち主だった。亡くなったときには、枕もとに二十冊ほどの祈祷書に、聖書が三冊、ほかにも宗教関連の本が山積みにされていた。母は英国国教会を信奉する家庭で育ったものの、祖母のほうは三人の娘を産んで離婚したのち、カトリックに転向している。

ロシア正教会はカトリック教徒に対して特に寛容ではないが、カトリック教会では正教会の信徒が儀式に出席するととても喜ばれる。海外旅行中、わたしはカトリック教会のミサに出るようにしている。カトリックのすばらしいところは、世界中のどこにいようと、式次第が変わらないことだ。もはやラテン語が使用されないのは残念に思う。

二十歳のとき、わたしは祖母の聴罪司祭をしていたゲオルギー・シェレメーチェフ司祭に、初めて性交渉を持ったことを告白した。司祭はわたしの肩をそっと叩いて言った。「さあさあ、大丈夫ですよ。ロシア正教会では三度結婚しても何一つ問題ありません」。わたしは心の中で叫んだ。『やったわ！』

＊＊＊

上とは十九カ月違いで生まれた二人目の息子は、今は亡き舅の名前をもらってフランシスと名付けた。愛称はフランだ。わたしの子どもたちはそれぞれ一つずつしか名前を持っていない。

わたしの父はニックに続いてフランとの時間を持てたことを心から喜んだ。それに、父は子どもたちの相手がうまかった。わたしの異母きょうだいで子どもがいたのは次兄のアンドレイ一人で、全員アメリカで生まれ育った。孫たちの成長を見守ることができなかった父は、新たに二人の孫ができたことに感謝した。アンドレイの息子、アレクシーはわたしと歳が近く、祖父に会うため、プロヴェンダーを訪れたことがある。彼の長髪を目にするや、わたしの母はアレクシーをタクシーに押し込んで命じた。自分の祖父に会う前にその髪を理髪店で切ってきなさい！　母はそういうところは厳しい人だ。つい最近、わたしはアレクシーと連絡を取る機会があった。彼は今の妻と結婚して三十年になり、わたしはぜひプロヴェンダーに遊びに来るよう誘って、最後に付け加えた。「髪を切るよう強制することはないと誓うわ！」

「気にしないでいいよ、命令されるのには慣れているから」。彼はそう応じた。

娘のアレクサンドラは、次男のフランシスとは二歳九カ月違いで、一九八一年の四月に誕生した。アレクサンドラは予定より三週間早く生まれ、わたしの父は出産予定日に息を引き取った。それまで孫は男の子ばかりだったため、父にとっては待望の孫娘だ。会わせてあげることはかなわなかったが、看護師が娘の写真を撮ってくれた。父は写真をもらった一週間後に永眠し、孫娘の写真と一緒に埋葬された。父は孫たちの誕生を心から喜び、三人とも愛していた。

母は長男のニックを目に入れても痛くないほどかわいがり、息子も祖母によくなついていた。午前中は祖母の寝室へ行き、写真アルバムを広げて、ロシアのロマノフ一族の写真を眺めていたものだ。そんなときのニックは、母の目には天使のように見えたことだろう。次に生まれたフランは、兄とは似ても似つかぬ性格だった。祖母には近寄ろうともせず、大きくなるにつれて短気になり、思ったことをずばずば口にした。

わたしの母は、常に自分が主導権を握っているのでなければ気がすまなかった。ある日、玄関広間に入ってきたわたしは、母がフランの肩をつかんで激しく揺さぶっているところに出くわした——息子は十か十一歳ぐらいで、身長は母と変わらなかった。昔、わたしに怒ったときも、母はそうしたものだ。けれど、息子は揺さぶられながら、ただ笑っていた。叱られたり、お尻を叩かれたりすると、フランはわざと笑って、相手をさらにいらだたせるのだ。わたしは母に言った。「お母様、ほかの人の子どもに乱暴することはできないのよ。たとえ孫であってもね。乱暴するのではなく、言い聞かせてちょうだい」

その後、三番目の子どもアレクサンドラを妊娠すると、母からこう言われた。「まさかこれ以上子どもを増やすつもりではないでしょうね。手に負えなくなりますよ」

わたしは問い返した。「手に負えなくなるって、どういう意味？」

母の答えはこうだ。「一人であれば、なんとでもなります。二人だと、少し手こずるようになり、三人では親の手に負えません！」

娘が生まれた年のクリスマス、わたしがインフルエンザにかかると、母はわたしと三人の子ども全員を子ども部屋に隔離した。父はその年に死去したばかりで、娘はまだ生後八カ月だった。母は子ども部屋にヒーターを運び込み、わたしたち全員を集めると、外からドアに鍵をかけてしまった。

わたしは高熱を出し、苦しんでいた。何かほしいときはベッドから出て、炉棚の上にある紐を引っ張らなくてはならない。これは昔、使用人がいた頃に使われていたもので、紐は厨房までつながっており、引くと、小さな旗が立って用事があることを知らせる。娘はまだ母乳だけでよく、わたしは食欲がないものの喉がすぐに干上がった。母は廊下の奥にあるトイレを使われるのをいやがり、室内に全員分のおまるを置いていった。

ニックは、ドアの鍵が開く音がして、自分の父親が食事の皿を運んでくる光景を今も覚えているそうだ。わたしの母は子どもたちに屋内のどこにも手を触れさせず、悪夢のようだった。

＊＊＊

次にスコットランドへ戻ったとき、わたしはバンチョリーにある屋敷、ガワンブレーに移り住むことに決めた。屋敷は何年も人が住んでいなかったため、建物の劣化が急速に進んでいた。あの家には合わせて二十四年間住んだことになる。最後は続けて十八年間だ。

ロンドンのイートン・スクエアにある小学校、セント・ピーターズに通っていた長男と次男もバンチョリーへ引っ越し、地元の小学校に転校した。わが家の裏門を出ると、すぐ目の前が学校だ。まだ学齢に達していなかった娘は寂しがり、兄たちをうらやんだ。そこで保育園に入れてやると、大喜びした。

母の教育方針とわたしのそれはまったく異なっていた。週末や長期休暇に、わたしが子どもたちを連れてプロヴェンダーに戻ってくると、母は子どもたちに何一つ触れさせようとしなかった。「アンティークに触ってはなりません！」「テーブルに手をつくのはやめなさい！」屋敷内では、子どもがどこへ行っても母がついてきて、叱りつけるのだった。「だめです！　やめなさい！」結局、子ども部屋がある翼の外へはほとんど出られなかった。母とわたしはお互いを深く愛してはいても、ともに暮らすのは難しかった。

＊＊＊

数年後に誕生した第四子のトムは、スコットランドで授かり、スコットランドで十八カ月の短い一生を終えた。トムには先天的な心臓の欠陥があった。三万人に一人という珍しい心疾患だ。普通なら四つの部屋に区切られている心臓に三部屋しかなく、肌が常に青みを帯びていた。手術に耐えられるだけの体力がつくまで、わたしたちはトムを生かし続けなければならなかった。

わたしと夫はトムにかかり切りになり、そのあいだ、ほかの子どもたちはやりたい放題になっていた。トムからは二十四時間、目を離すことができなかった。一度に二十分しか眠らず、粉ミルクも三十ccずつしか飲まないので、わたしは夜中もトムを腕に抱え、手もとに哺乳瓶を置いていた。トムは二十分おきに目を覚ましてミルクをほしがって泣き、そのあとふたたび眠りに落ちるのだった。

生後八カ月になると、エディンバラの王立小児病院で手術が行われた。マスタード手術という名称で、カナダの心臓外科医、ドクター・マスタードが開発した治療法だ。心臓を囲む皮膜を利用して、心房内についたてを作り、部屋を四つに分ける。手術は成功し、すべてうまくいっているように見えた。この手術を受けた患者の多くは、四十を過ぎても健康な生活を続けているが、悲しいことに、トムは自身の細胞に拒絶反応を起こした。娘が八歳になったその日、トムは集中治療室で永眠し、バンチョリーの小さな村にある美しい教会墓地に埋葬された。医師はトムのことを坊や《ウィー・マニー》と呼び、墓石にはその言葉が記されている。

小学校のあと、子どもたちは全員、十二歳でバンチョリー・アカデミーに入っている。授業料は無償で、当時は授業内容においてもすこぶる高い評価を得ていた。近隣で一番よい公立学校だったのは幸運だ。

＊＊＊

長男のニックは、自身の曾祖父サンドロがロシア帝国空軍の創設者であることは知らなかったものの、六歳の頃から大きくなったらパイロットになると言っていた。おもちゃのトラクターのほかに、ダイカスト製に金属製、プラスチック製と、たくさんの飛行機を持っており、とにかく飛行機が好きだった。十三歳のとき、息子の親友がバンチョリーのATCに入隊した。航空訓練隊《ATC》はイギリス空軍後援の組織で、スポーツや社会奉仕を含むさまざまな活動を行っている。おもしろいぞと親友に薦められ、ニックも加わった。息子は十七歳まで所属して、グライダーやレシプロ練習機の操縦法を学んでいる。ニックは左利きなので、左利き用の特別なライフル銃が用意された。射撃の腕前はきわめて高く、ATCは息子にとってすばらしい経験となった。

その後はアバディーン大学へ進学して、地理学を専攻している。その一方で、大学航空隊に入隊し、週に三日、イギリス空軍ルーカース基地で訓練に従事した。空軍側は、大学での専攻課程については、良識のあるものでありさえすればいっさい口を出さず、また、学科の中でも地理学は、地図を使うため、とても有用だった。

ニックは優秀な成績で大学を卒業すると、リンカンシャーのクランウェルにある、イギリス空軍士官学校に入った。息子は士官学校での生活を愛した。卒業式には、息子のガールフレンドのジュード、それに次男と一緒に、わたしもスコットランドから出席した。すでに離婚していた夫もロンドンから来てくれた。ニックは自分が賞を授与されることは話しておらず——本人も知らなかったのだろう——わたしたちが客席に座っていると、成績優秀者としてニックの名前が発表された。彼はほかの操縦士や航空士をしりぞけて、突出した好成績を収めていたのだ。親として誇らしい瞬間だった。

リーミング空軍基地での訓練では、二人乗りの練習機を飛行する。二〇〇〇年か二〇〇一年の十月のある夕刻、わたしのもとへ一本の電話が入った。かけてきたのはエガートン航空団指揮官だった。「ご子息がちょっとした事故に遭われまして、ご連絡をしておきます」

「えっ！　何があったんです？」

「ベリック・アポン・ツイードの低空飛行区域での訓練中に、鳥が衝突したもようです。機体は墜落、ご子息は脱出を余儀なくされました」

わたしの反応はこうだった。「それはちょっとした事故どころではないでしょう！」

指揮官はこう返した。「現在のところ、ご子息は無事らしいということをお伝えするために、お電話をした次第です」。電話があったのは夕方の六時頃で、わたしはすっかり取り乱した。ようやく連絡が入り、息子たちはシーキング・ヘリコプターで救出されて、ノッティンガムにある医療センターの脊椎・脊髄専門科へ送られたこと、息子は無事なことがわかった。

ニックの話では、最悪だったのは、ストラップで担架に固定されてヘリコプターに運び込まれたことだったらしい。「ぼくは大丈夫だ、どこも悪くない」と息子が繰り返しても、衛生隊員は「ストラップで固定する決まりですから」と応えるばかりだった。

何が起きたのかはあとで知らされた。低空飛行中、カモメがキャノピーを突き破って操縦士のバイザーに衝突し、操縦士が気絶。ニックは火のついたダイナマイトの上に座っているも同然になった。彼は息を吸うと、脱出ハンドルを引き、操縦士とともに機体の外へ飛びだした。射出時には大きな重力がかかり、それが背骨に損傷を引き起こす場合がある。機体からの緊急脱出で、背骨を骨折したり、二度と歩けなくなったりする人もいるのだ。

二人は空中へ放りだされ、そこで意識を取り戻した操縦士は、さっきまで自分たちが乗っていた機体が地面に衝突するさまを目撃した。事故は多くの新聞で取りあげられた。墜落した機体は五百万ポンドの価値があったと息子が話していたのを覚えている。

最後には、息子はよくやったと上官に肩を叩かれ、操縦士の母親からは、「息子の命を救ってくれてありがとう」と、涙ながらに感謝された。終わりよければすべてよしだ。

ありがたいことに、息子は無事だった。飛行中の機体からの脱出は、おそらく誰もが最も恐れることであり、自分が無事だったのは幸運だったとニックは話していた。息子はパイロットとしても大きく成長した。射出座席の製造業者、マーティン・ベイカー社から表彰され、特製のネクタイと壁飾りを授与されている。その後はスコットランドのルーカース空軍基地所属となり、そこに十二年間勤務した。

二〇〇三年、ニックは愛らしいスコットランド女性と結婚した。アバディーン大学に在学中のある夜、息子は舞踏会から帰宅すると、わたしにこう言った。「自分が結婚する相手とめぐり会ったよ」

「はい、はい」。わたしは軽く聞き流した。それまでニックは靴下を履き替えるように、次から次へとガールフレンドを変えていた。「名前はなんていうの?」

「ジュードだよ」。息子は答えた。

彼女の両親に会うまで、わたしはビートルズの歌、『ヘイ・ジュード』のせいで、ヒッピーのその後のような夫婦を想像し、ややもすると最悪の相手かもしれないと覚悟していた。ところが、二人はわたしがこれまで出会った中で最も立派な夫婦だとわかった。彼女の父親は会計士をしている。「ジュード」という名前だけで、親がヒッピーだと決めつけたのはあとから考えるとおかしなものだ。もっとも、彼女の本当の名前はジュディスで、ふだんはジュードと呼ばれているだけだった。

息子と出会ったとき、彼女はエディンバラ大学の学生で、二人は長い交際期間を経て、ニックの二十六歳の誕生日にスコットランドで結婚した。披露宴はグラスゴー郊外の村、キルマコームにある新婦のご両親の家で行った。息子夫婦はマクティとして知られる、オクタマクティに家を購入している。

二人は三人の子どもに恵まれ、わたしも今やおばあちゃんだ。最年長の孫トマスは、十二歳になったばかり。ルーシーは十歳、末っ子のイサベラ（エラと呼ばれている）は六歳だ。三人とも、愛らしいだけでなく、頭がよくてはきはきしている。

次男のフランは兄とは性格がまったく異なる。いたずら者で、なんにでも首を突っ込むのだ。変わった笑い声の持ち主で、フランが笑うとみんながつられて笑いだす。その笑い声は遠くからでもわかり、一度聞いたら絶対に忘れられない！

* * *

フランが五歳のとき、わたしと夫はロンドンの波止場、セント・キャサリン・ドックに係留された友人の船でくつろぎ、子どもたちはデッキで遊んでいた。娘は三歳ぐらいで、長男は彼女の相手をしていた。不意に、コーラの缶が水に落ちたような、ぽちゃんという音があがり、続いて男の叫び声が響いた。「子どもが船から落ちたぞ！」

デッキへ急ぐと、隣の船の男性が深緑色の水の中に片腕を突っ込んでいた。駆けよったわたしの目に、金色の髪が水底へ沈んでゆくのが見えた。それがフランの髪だと気がつき、わたしは恐怖に打たれた。ほんの数秒遅ければ、息子の姿は見えなくなっていただろう。それほど速いスピードでフランは沈んでいたのだ！

すぐに息子は水中から引きあげられ、ウェストミンスター病院へ運ばれた。汚水を飲んでいないか確認すると、幸い大丈夫で、胃の洗浄の必要はなく、その夜には帰宅した。あとでわかったことだが、フランは、少年たちが船首から桟橋に飛び移るのをまねして自分もジャンプをし、まだ幼かったために距離を見誤り、水中に落ちたのだった。それまでフランはかなり本を読めるようになっていたのに、テムズ川で溺れかけたこの体験のせいで、すらすら読むことができなくなってしまった。

それから数週間後、わたしは友人のクラリーから、船でテムズ川をくだってカティサーク号を見学したあと、グリニッジでランチにしましょうよと誘われた。フランは船の手すりから身を乗りだすようにして渦巻く水面を眺めていたのを覚えている。クラリーとわたしは、もしものときのために彼のアノラックをずっと握っていた！

「クラリー」とは、セレブリティ・シェフのクラリッサ・ディクソン・ライトのことだ。おそらく最も有名なのは、ジェニファー・パターソンと二人でやっていたテレビの料理番組、『トゥ・ファット・レディース』だろう。クラリーとわたしの夫は、一九五〇年代はじめに同じダンススクールへ通っていたときからの仲だった。わたしが彼女と知り合ったのは八〇年代初頭、娘を出産したばかりの頃だ。クラリーはボーイフレンドが死去し、それまで住んでいた彼のアパートメントから退去しなければならなくなった。彼女はすぐ近くのイートン・プレイスに住んでいたわたしたち家族のもとへ転がり込み、広い客間のソファに寝泊まりするようになった。本当にお酒が大好きで、歯磨き用のコップにジンを入れ、ソファの横に置いていた。一度など、アルコールの買い置きを切らし、切羽詰まった彼女は、わたしのシャネルの香水を飲んでしまった。オー・ド・トワレではなくて香水をだ。プレゼントされたばかりのものだったので、わたしはかんかんになって怒った。

フランがテムズ川に沈みかけた事件からおよそ一年後のこと、クラリーがわが家へ来てからまたも事件が起きた。彼女はフランのためにホットチョコレートを作ろうと、牛乳の入った小鍋を火にかけていた。ジンのボトルを探してちょっと目を離しているあいだに、フランは椅子を持ってきてコンロの前に置いた。するとセーターの袖が小鍋の持ち手に引っかかり、息子は熱い牛乳を背中に浴びてしまった。

わたしたちはすぐさま服を脱がせて浴室へ連れていった。冷たいシャワーを背中にかけると、皮膚がめくれて剥がれ落ちた。救急車が到着したものの、わたしたちが住んでいたアパートメントにはエレベーターがなく、階段は九十九段もあったため、わたしたちは息子を抱えて、おりていかなければならなかった。

わたしはフランと一緒に救急車に乗り込んだ。救急車に乗るのはそれが初めてだった。息子が搬送されたウェストミンスター小児病院は角を曲がったその先にあり、背中全体にやけどを負っていた息子は隔離された。面会に行ったとき、フランがお見舞いのゲームやおもちゃに囲まれているのを見て、長男がうらやましがったのを覚えている。今ではやけどの跡はほとんど残っていないものの、入院はかなり長引いた。

フランは自分の人生で、たくさんのことをやってきた。十八歳で学校を卒業すると、一年間イギリスを離れ、その一年は彼にとって人生で最も大切な時間となった。フランは南アフリカへ直行して友人のもとで暮らし、ライオン牧場とダチョウ牧場で働き、ケープタウンへスカイダイヴィングに行っている。イギリスへ戻ってきたあとは、すぐにわたしとロシアへ向かい、ニコライ二世の葬儀に参列した。

その後、フランは訓練を受けてスタントマンになるが、残念なことにけがをしてそのキャリアを断念し、それから何年も写真家として暮らした。どちらの仕事でも、彼は世界各地を飛び回った。現在はロンドン在住で、ジムのパーソナル・トレイナーをしている。

どんなことであれ、わたしが常に真っ先に頼るのはフランだ。木を切り倒すのであれ、何かを建てるのであれ、泣きたいときに単に肩を貸してほしいのであれ。フランがいれば、どんなことでもなんとかなると思うことができる。わたしが恐ろしい思いに取り憑かれたときも、息子はわたしを笑わせて、落ち着かせてくれる。

＊＊＊

娘のアレクサンドラのあだ名はポギーだ。赤ん坊の頃、母乳をたっぷり飲んだあとも、離乳食をぱくぱく食べていたため、小豚《ピギー》・小鯨《ポギー》と呼ばれていた。幸い、ピギーという部分はなくなり、今では単にポギーと呼ばれている。

ポギーはヘリオット・ワット大学でテキスタイルとファッションデザイン、それに経営学を四年間学んだ。キャンパスがあるスコットランドの国境地帯、ガラシールズは、かつていくつもの有名なカシミアのテキスタイル工場と炭鉱があった街だ。娘は学校生活を楽しみ、卒業時にはすばらしい作品を発表した。

卒業後は子ども服メーカーに入り、そのあとマタニティからベビー、キッズ用品を扱う会社、マザーケアに転職する。何もかも順調だったが、それもセレブ雑誌の《ハロー》にわたしたち家族の写真が掲載されるまでだった。娘はお高くとまっていると思われたらしく、そのあとから職場で疎まれるようになり、ファッション業界の意地の悪さに嫌気がさして去ることにした。別れた夫はポギーにオーストラリア行きのチケットをプレゼントし、娘は出立した。しかし、八カ月後にはわたしから呼び戻されるのだった。イギリスのテレビ局から『珍しいハウス・ゲスト《キュリアス》』という番組に母娘での出演を依頼され、わたしと娘のやりとりを気に入っていたプロデューサーは、ポギー抜きでは番組を撮りたがらなかったのだ。娘はオーストラリアで働くために就労ビザを取得したばかりだったので、わたしに呼び戻されたことをいまだに恨んでいる。

帰国後、ポギーは不動産業に就き、キャリアアップを成功させている。全国規模の不動産会社に勤務していたときは、社内で最優秀の不動産販売員に選ばれた。仕事ができて接客上手だ。

人づきあいのうまさは母親のわたしを超えている。今では自身の会社を持ち、ロンドンで屈指の不動産業者となった。娘はわたしの誇りだ。

ときおり、娘の姿にわたしの母の面影が重なることがあり、奇妙なものを感じる。母は十七年前、ポギーが十九歳のときに死去しており、母から聞いているはずのないことが娘の口からたびたび出てきてぎょっとさせられる。わたしの母とアレクサンドラは妙に似ているのだ。

わたしに似て、ポギーも霊の存在を感じ取ることができる。娘がエセックスでカントリー・ハウスの売却を担当していたおり、新しい物件の下見に行くことになった。ロンドンから来た同僚を駅で拾い、車でその家に向かう。美しい夏の日で、気温は三十度近かった。ところがくだんの屋敷に入って客間へ通されたとたん、娘は気温が急速にさがるのを感じた。家の持ち主の女性は挨拶もそこそこに、あなたは幽霊を信じるかと娘にきいた。ポギーはうなずいた。

相手はこの部屋で何か感じるかと娘に尋ねた。そしてこう告げた。「ゲームをしましょう」。女性は大きな暖炉の前にポギーを立たせてから、その正面にある両開きのドアを閉めた。その瞬間、娘は背中に大ハンマーを振りおろされたかのような衝撃を覚え、全身が総毛立った。「リチャードはこのドアを閉められるのが嫌いなの」。女性は言った。「リチャード」とは幽霊の名前なのだろう。

そのあと娘と同僚は屋敷内を案内された。女性は不意に立ち止まり、ポギーに向かって話しだした。「おばあ様はあなたのことをとても誇りに思っていらっしゃるわ。彼女はあなたが指図されるのを嫌うのはご存じよ。けれど、おばあ様の助言に耳を傾けてあげて」

ポギーは『この人、頭は大丈夫なの？』と内心では思ったものの、相手は大切な新規のクライアントなので、愛想よくし続けた。

屋内を見学して歩きながら、娘と女性はどの部屋に霊的な気配を感じるかという話を続けた。一階にいたリチャードは客間がある翼に取り憑いており、出るのはその中だけだった。屋敷の内覧はきわめて非現実的な体験となり、ロンドンから来た娘の同僚は二人の会話に今やおびえきっていた。

帰り際、女性はポギーに向かって、二人きりでひとこといいかしらと尋ね、娘と一緒に「リチャードの客間」まで引き返した。「あなたたちの車が玄関先に現れた瞬間から、あなたのおばあ様がわたしにつきまとってしまって」。女性は言った。「あなたが自分の助言を聞くよう、切に願っていらっしゃるわ。あなたが頑固なこともご存じよ。あなたを誇りに思っていて、いつも見守っていらっしゃる」

「それはありがたいことです」。ポギーはそう返した。

「おばあ様はお一人ではないのよ」。女性は続けた。「幼い男の子の手を握って立っているわ。あなたの弟さんよ。弟さんにとっても、あなたは誇りなの」。病気に苦しみ、幼くして死んだ弟のことを口にされ、ポギーはわっと泣きだした。娘の気持ちが落ち着くまで、二人は抱き合った。

女性は謝罪し、霊が自分のもとへ来ると、勝手に口がしゃべりだして止めることができないのだと説明した。小さな頃からそういう能力があったそうだ。そのあと二人は別れの挨拶をし、ポギーは自分の車へ向かった。

「おいおい、何があったんだ?」同僚が尋ねた。「まさか契約がだめになったんじゃないよな」。

「いいえ」。娘は答えた。「あの女性は、祖母と弟がいつもわたしを見守っていることを伝えてくれたの」

「弟?」同僚は問い返した。「きみに弟はいないだろう」

とても奇妙な経験だったとポギーは話していた。屋敷の持ち主はとてもいい人なのだが、用事があって行くたびに、自分以外の者は知るはずのない、娘の人生に関することまごまとしたことを話すのだった。

最後に屋敷へ行ったとき、その女性は玄関ドアを開けて娘に言った。「ロンドンでの仕事を引き受けるようおばあ様がおっしゃっているわ」。幸い、娘はその助言には従っている!

三人の子どもたちは全員ATCに入隊し、さまざまなスポーツ、それにライフル射撃で優秀な能力を発揮した。娘は学校では水泳を、ATCではホッケーをやり、十三歳のときから一人で列車に乗って、ロンドンで開かれる競技に参加していた。のちには喫煙をするようになり、かつての敏捷さは失われてしまった。次男のフランはバドミントンを、長男のニックはATCに所属していた頃は射撃をしていた。

三人ともさまざまな分野で秀でており、わたしの孫たちもそれは同じだ。トマスは数週間前、スカッシュの大会で準優勝に輝いた。ルーシーは短距離走では州で二番目に速いランナーだ。わたしの義理の娘に似てすらりと脚が長く、俊足だ。

わたしの子どもたちは動物に囲まれて育ったものの、現在は誰もペットを飼っていない。フランとポギーは馬に乗るが、ニックにとって、馬は噛む、蹴る、におう、でいいところはないようだ。放牧されている馬をつかまえて、曳いてくることはでき、馬を怖がるわけではない。ただ、乗馬に興味がないのだ。ニックには飛行機のほうがお似合いだ。

アバディーン大学にいた四年のあいだ、ニックは自宅にガールフレンドを招く口実に馬を利用していた。「ぼくの母は馬を飼っているんだ。うちに来たら乗せてあげるよ」。気の毒なポギーは、兄のガールフレンドを自分の馬に乗せて、近所を案内してやるのだった。

幸いにして、息子の未来の花嫁となるジュードは馬には関心がなく、「母が馬を飼っている」という誘い文句の出番はなかった。わたしの義理の娘は礼儀正しく、とてもよい母親で、すばらしい料理人でもあり、辛抱強い妻だ。

第九章

プロヴェンダーの老朽化

　高齢になった父は横になっている時間が増え、母はわたしが使用していた子ども部屋に父を移した。父が死去する半年ほど前のある日、母が泣きながら、それこそ大泣きしながら、わたしに電話をかけてきた。

　ロンドンにいたわたしは思わず口走った。「ああ、そんな。お父様が亡くなったのね」。すると、母は答えた。「いいえ、スーティーが死んでしまったの」。スーティーは母が飼っている黒猫だ。わたしは笑いだしてしまい、母はひどい娘だと言って電話をがちゃんと切った。

　何が起きたかというと、風邪を引いた母がベッドで寝込んでいると、誰かが車でやってきて呼び鈴を鳴らした。家にいたメイド兼清掃人のアイヴィーは玄関に出て応対した。しばらくすると、アイヴィーは二階にやってきて、母に告げた。「さっきの人は家違いでした、裏手のファームハウスへ行こうとしていたそうです。ああ、そうそう、スーティーがその人の車に轢かれました」。母の黒猫は後輪のまうしろに寝そべっていたのだ。

母は自分のベッドから飛び起き、父を呼びに行った。二人は玄関先へ行って、砂利道から飼い猫を抱えあげ、箱に入れると、獣医を呼んだ。「残念ですが、われわれにできることは何もありません。安らかに眠らせてあげましょう」。獣医はそう説明し、スーティーを安楽死させた。

それよりずっと前にも、同じようなことが起きている。母はクランチャーという名前のブル・テリアを飼っていた。ある日、放牧地に出ていたクランチャーは、祖母が飼育していた乳牛の子牛を噛み殺してしまった。二年後、クランチャーは放牧地にいたところを乳牛に空高く放りあげられ、角で串刺しにされた。

その頃はまだ若かったアイヴィーは、大広間に入ってくると、祖母と来客の前でこう告げた。「ああ、そうそう、クランチャーが牛に殺されました」。四十数年後、アイヴィーは同じ口ぶりでスーティーの死を報告した。

＊＊＊

父は一九八一年五月八日にこの世を去った。その衝撃はあまりに大きく、母から電話で連絡をもらったとき、わたしはすっかり動転した。産後間もなかったため、父の死後ひと月は不正出血が止まらなかったほどだ。

地元にロシア正教の司祭はおらず、臨終の秘跡はポーランド人司祭エドヴァルト・オカンによって行われた。オカンは、ヨハネ・パウロ二世がポーランドのクラクフで教区司祭をしていた際、彼に仕えている。エドヴァルト司祭は毎週父のもとを訪れていた。二人はロシア語で会話をし、歴史について語り合った。すばらしい男性だったが、もちろんローマカトリックの司祭だ。ロシア正教会はいささか面目をつぶされる形となった。祖母のクセニアが一九六〇年に死去してからは、父は亡命ロシア正教会でロマノフ一族筆頭を務めていたのだから。しかし、このような状況では、司祭であればいないよりはましだった。

正教会のならわしでは、死後は自宅に正装で安置される。窓や鏡はすべて覆い、棺のまわりにロウソクを四本立て、必ず誰かが棺に付き添う。

盛大な葬儀が執り行われた。わたしたちはノートンのセント・メアリー教会を正教会に変えた。総主教と大勢の司祭がロンドンから訪れ、わたしの異母兄アンドレイもアメリカから飛んできた。

父は教会の墓地に埋葬された。そこには母方の曾祖母コンスタンス・ボルグストロムに、祖母のシルヴィア、祖父のハーバート・マクドゥーガル、そして大おば二人も眠っていた。父の隣にはフィンランドで最も偉大な人物として知られる、マンネルヘイム元帥の娘が永眠している。

奇妙な偶然ながら、カール・マンネルヘイム元帥は長身で見栄えがよかったことから、ニコライ二世の近衛騎兵を務めている。プロヴェンダーには、戴冠式で皇帝のそばに仕えて行進するマンネルヘイムの写真と、フィンランド摂政になった彼の軍装の写真がある。彼はのちにフィンランドをロシアから独立させた男性だ。強大なロシア軍に対して少数で挑み、知略を駆使して国土を守り抜いた。

マンネルヘイム元帥には二人の娘、アナスタシア（スタシィ）とソフィアがいた。スタシィのほうが年長で、歳はわたしの父の一つ下だ。父は宮殿で彼女とよく遊んだものだった。マンネルヘイムもニコライ二世のもとにいたからだ。時が流れて、スタシィは沈黙の誓いを立てて修道女になる。その後彼女は精神を患い、修道院を去った。

わたしの母もマンネルヘイム元帥と親交があった。実のところ、母はかつて彼に恋心を抱いていたようだ。母のもとには元帥からの手紙が数多く残っている。母はスタシィとも親しくしていた。修道院を去ったあと、スタシィはブライトンのそばのホーヴに家を購入し、母はわたしを連れて彼女を訪問したものだった。その後、歳を取って病弱になったスタシィは、ファヴァシャムにある介護施設に移り、母は彼女を定期的にプロヴェンダーへ招いた。

パーキンソン病ではないものの、スタシィは激しい体の震えに何年も悩まされた。コップを持つことができず、幼児用の蓋付きマグカップを使わなければならなかった。父に孫のニックが誕生したときは大喜びし、母はスタシィに赤ん坊を抱かせてやるようわたしに言った。二十六歳でまだ反抗的だったわたしは、だめよと断った。けれども母は譲ろうとせず、最後はわたしのほうが折れた。ニックは趣味の悪い青緑色のロンパースを着ていたことを覚えている。スタシィの手が激しく震えるものだから、息子はきゃっきゃと声をあげて喜んでいた。

スタシィが死去したとき、五十年以上イギリス在住だったために、フィンランド政府は彼女の遺体を引き取ろうとしなかった。かくして、幼なじみだったスタシィとわたしの父は、不思議な縁から、二人並んで同じ墓地に眠ることになった。フィンランド政府は彼女の墓地の管理はしており、年に二度、供花と礼拝を捧げている。

パリには世界各国の勲章などが展示されている、レジオン・ドヌール勲章博物館があり、父は、自分が死んだら近衛騎兵連隊のウォッカ・カップとヘルメットをそこへ寄贈してほしいと口癖のように言っていた。言うまでもなく、母は夫の遺志を実行したがったものの、それまで一度も飛行機に乗ったことがなかった。

残念ながら今では故人となった旧友のジェイムズ・カイザー卿は、自分が同行するから飛行機に搭乗して遺品をパリまで運び、気分転換に数日ほどリッツに滞在しようと母を誘ってくれた。それでも母は不安がった。「飛行機には乗りたくないわ、飛行機には乗りたくないのよ」。そう繰り返した。わたしは母をロンドンへ連れていくと、ジェイムズ卿の一族が所有していたホテル、クラリッジズに宿泊し、翌朝、ジェイムズ卿と母が飛行機に乗って飛び立つのを見送った。数時間後、パリにいる母から電話があった。

「飛行機まで歩かなければならなかったのは別として、悪くはなかったわ。橋を一つ渡るのと変わらないわね」

わたしはこう返した。「いいえ、お母様は海峡を一つ渡ったのよ!」結局、飛行機での旅行は大成功に終わったものの、母はもう一度同じことをするつもりはないと言った。搭乗口から飛行機まで、かなりの距離を歩かなければならなかったのがその理由だ。

母は昔から風変わりだったが、年を追い、家計が苦しくなるにつれて、その度合いはいっそう増した。晩年はいささか常軌を逸していた。認知症ではなかったと思うけれど、以前よりもはるかに扱いにくくなった。若い頃でさえ、ずいぶん扱いにくかったのに。

父が死去するまで、プロヴェンダーは常に暖房がよくきいていた。暖かな宮殿内で育てられたため、父はロシア人なのに寒がりだった。父が亡くなって初めての冬、母はセントラル・ヒーティング用の灯油を買うお金を出せずに、配管が凍結し、ひび割れが生じた。修理費もなく、母は寝室にある電気ヒーター一つで二年間しのいだ。最後の数年は寝室と浴室、厨房を行き来するだけの、とても不便な生活だった。

水道管も壊れ、二階は水が使用できなくなった。庭師がバケツに水を入れて二階の寝室の前まで運び、母はそれでトイレを流していた。プロヴェンダーはひどい状態だった。屋内はとても寒く、厨房を暖めるオーヴンもなかった。

それでも、母は体が頑丈で、風邪を引くことも滅多になかった。厳しい環境で育てられ、幼い頃は、朝になると、ベッド脇に置いている水差しには氷が張り、母と妹たちはそれを割って顔を洗っていた。家には使用人が大勢いたものの、子ども部屋はとても寒く、暖炉に火を入れることはまれだった。

当時の人たちはとても我慢強かったのだろう。わたしはセントラル・ヒーティングのある家で育てられ、使っていた子ども部屋は本当に暖かだった。自分は幸運だったと思う。

母は父の死を深く嘆いた。ほかの誰かの結婚生活を、本当の意味で理解することはできない。けれど、父と母はそれぞれのやり方で相手に心を捧げ、強い絆で結ばれていた。二人は夫婦喧嘩をすることも多かった――まあ、母が父に喧嘩を売るのだが、父のほうは言い争いが苦手だった。それが余計に母をいらだたせた。その気持ちはわたしもわかる。いい喧嘩は胸をすっきりさせてくれる。

父の死後、母は一人で暮らした。教会で過ごす時間が多くなり、墓地の掃除を熱心にしていた。母はとても頑固な女性だった。修理費用がなかったため、屋敷はあちこちが壊れて、ついには雨樋が落下した。それでももとに戻すにはお金がかかるからと、母はそのままにしていた。

その頃、わたしはスコットランドに住んでおり、年に三回ほど車に愛犬を乗せて帰省した。

そのたびに屋敷の荒廃ぶりに驚きの声をあげたものだ。「お母様！　あの煙突……今にも倒れそうじゃない！　壁のレンガが欠けているわ！　まあ、何よこれ、タイルがなくなっている！」

するとは母はこう返した。「ばかなことを言わないで、大丈夫に決まっているでしょう。この屋敷は七百年間ここにあって問題一つないんですから、もうあと七百年は心配ないわ」

＊＊＊

二〇〇〇年一月、母の体調が悪化したため、わたしはチョコレート色のラブラドール犬を連れて、プロヴェンダーに移り住んだ。

母はどんどん体重が落ち、背中にはひどい痛みがあって、食後の腹痛に悩まされた。加えて、自分が食べた量を思い出せなくなっていた。母は近所のスーパーマーケットで売っているプリンが好きだったので、わたしが六個買ってくると、全部ぺろりとたいらげてしまうのだった。

母は体の具合が悪いことは口に出さず、医者に診てもらうことも拒絶した。ずっと昔、わたしが十七歳ぐらいだった頃、母はわたしの手をつかんで聖書の上にのせ、こう命じた。「わたしが歳を取っても、病院には入れないと誓いなさい！」幸運なことに、母には見返りを求めることなく世話をしてくれる友人がいた。

母の体調は日に日に衰えていった。医師が診察に来て、母にモルヒネを与えることになったものの、母は薬剤を飲むことをいやがったため、ウイスキーに混ぜて飲ませなければならなかった。介護する側にとっても、つらい時期だった。

いよいよ母の死期が迫り、わたしは臨終のときには必ずそばにいるつもりでいた。友人のイヴリンが母の手を握っており、わたしは彼女に尋ねた。「犬の散歩に行ってくる時間はあるかしら？」

「ええ」。彼女は答えた。「行ってらっしゃい」。ほんの十分ほど離れていただけだが、戻ってくると母は息を引き取っていた。

母は九十二歳の誕生日の翌日、六月六日に死去し、ノートンの教会で夫の隣に埋葬された。棺の運び手の中には、わたしの息子のニックとフランもいた。

＊＊＊

母の死後、わたしはそのままプロヴェンダーに残るかどうかという選択を突きつけられた。屋敷のほうは立ち腐れかけており、家の中に入ってきたキツツキが、壁をつついて外へ出る音が聞こえたものだ。

どうするか決めるまで息抜きをするのもいいだろうと、母の死から数カ月後、わたしはアイルランドへ向かった。キルデアに七人の息子と暮らす友人がおり、彼女のもとに滞在した。

イギリスへ帰る日になり、空港へ向かう途中で、友人はわたしを農場観光へ連れていった。農場のキッチンで昼食を取っていると、黒いポニーが入ってきて――入ってきたのは前身だけだ――テーブルにあったナプキンをくわえて持ちあげた。「まあ、かわいいのね」。わたしは外へ出てポニーを抱きしめた。その馬は売りに出されていたが、そのときは特に何も考えなかった。毎日のように馬に乗っていたとはいえ、当時は自分の馬は持たず、友人たちの馬に乗っていた。帰宅後、友人たちにアイルランドで出会った馬のことを話したわたしは、最後にこう付け加えた。「わたし、あのポニーを買い取ろうかしら」

友人たちは仰天した。「獣医に診察もさせていないし、自分で乗ったわけでもないんでしょう。その馬のことはなんにもわからないじゃない」。強い口調で反対された。

「そうだけど、心配いらないわよ」。わたしは言った。

ポニーは二〇〇一年の七月か八月に、大型トラックに乗せられてアイルランドからここへやってきた。そしてわたしの人生で一番の宝物になった。コネマラの純血種ながら、体躯が大きすぎて品評会向きではなかった。メスのポニーは四歳から繁殖を始める。その馬は六歳になっていたので、繁殖季節には週に二度交配を行っていた。

血統がよく、ティマホー・ソナータという立派な名前がついていた。ティマホーはキルデアにある飼育場の名称だ。わたしたちはその馬をソニーと呼んでいる。放牧地で馬に向かって「ソナータ！」と声を張りあげるのは、ばかみたいだからだ！

馬を持つようになったわたしに、友人のフィオナは提案した。「狩猟へ行きましょうよ」。わたしは狩りへ行ったことはなかった。それまで二十年近く住んでいたスコットランドのアバディーン周辺では、狩猟は行っていなかったのだ。こうしてわたしたちは八月から十一月一日まで週に一度、勢子を引き連れて馬で狩りに出かけた。

初めての狩猟で、ソニーは猟犬の吠え声と狩猟用ラッパの響きを耳にすると、小さな顔をぱっと輝かせて、興奮をみなぎらせた！

ティッカム・ハントはイギリスで最古の狩猟場の一つだが、五シーズン前に運営団体が解散したため、わたしたちはケント州東部まで出かけた。最初の二年は従来通りの狩猟を行っていたものの、猟犬を使った猟が禁止され、その後の三年は新たな法律に従って狩りをした。狩猟反対派の活動が盛んで、馬をつまずかせるなどのいやがらせ行為があり、じゅうぶんに注意する必要があった。その後は狩猟へ出かける金銭的余裕もなくなった。わたしが狩猟場から遠ざかって七年になる。

ポニー・クラブに入っている友人の娘は、十二歳の頃からソニーにまたがって総合馬術競技会に出場し、馬場馬術《ドレッサージュ》を披露した。ソニーはわたしとは狩りや乗馬に行くだけだったが、その後、ほかにも二人の子どもたちがこの馬とともに馬術競技に励んだ——ソニーはみんなのアイドルだ。今では競技から引退し、わが家でのんびりと暮らしている。

第十章

修繕

プロヴェンダーを維持することに決めたのは、屋敷への愛着からだけではなく、主に挑戦のためだ。暇を持て余していては、わたしのような人間はろくなことにならないとわかっていた。屋敷を売りに出しても、たいした価値はなかった。当時の売値はせいぜい五十万ポンドほどだ。収入も蓄えもないわたしには、ほかに住むところはなかった。財産はこの屋敷のみで、それをビジネスに変えて、お金を得られるようにしなければならなかった。

プロヴェンダーは、イングランドの歴史的建造物を保護する組織、ヒストリック・イングランドにより、グレードⅡに指定されている。グレードⅠではない唯一の理由は、屋敷の歴史的価値を査定しに来た調査員を、わたしの母はセールスマンと勘違いし、玄関から先に入るのを拒んだからだ。グレードⅡとは、特別な関心以上を有する、特に重要な建造物を意味する。

屋敷は内も外も状態がひどく、わたしは修繕する手立てを見つけねばならなかった。そんなおり、二〇〇〇年十月、わたしはトレミー・ディーンという建築家に紹介された。彼との出会いは愉快なものだった。

プロヴェンダーの近くに、母方のいとこ、ヘンリー・ソンズの屋敷がある。リーズ・コートと呼ばれる場所で、建物の背面と厩舎は、新古典主義を代表する建築家、ジョン・ソーン卿がデザインを手がけた。偶然にも、トレミーはソーンの研究者だった。ソーン自身が収集した膨大なコレクションが詰め込まれたジョン・ソーン博物館を何年もかけて調査し、ソーンに関する著作を数多く上梓している。当時のわたしは、このことを何も知らなかった。

いとこの妻のフィリスから電話があった。「昼食会に来ていただけないかしら。ゲストスピーカーに建築家の方を招いているの」

わたしは言下に断った。「退屈なおしゃべりを聞かされるために、わたしが一日中スカートをはくわけないでしょう！」

「お願いよ、わたしたちは親戚同士でしょう。あなたにも来てほしいの」。フィリスは哀願した。

その頃、次男のフランはプロヴェンダーに戻っていた。息子は昼食会にふさわしい衣服を持っておらず、ジーンズに革ジャケットを合わせ、わたしはスカートを着用して二人でリーズ・コートへ向かった。主賓のトレミーは遅れて現れた。ジーンズに革ジャケット、髪はぼさぼさというでたちで、わたしと息子はひと目で彼が気に入った。

トレミーとは実に話が合い、わたしはわが家へ寄って屋敷を見てほしいと言った。プロヴェンダーまで足を延ばした彼は屋敷に惚れ込み、わたしはここを修繕する仕事をお願いできないかと彼に切りだした。

当時、トレミーはロンドンにあるリチャード・グリフィス建築事務所からまだ独立しておらず、事務所に戻ると、この依頼を引き受けるかどうかうかがいを立てた。教会や尖塔などの建造物を専門としているのにもかかわらず、事務所は仕事を快諾してくれた。

二〇〇一年、トレミーはプロヴェンダーの修繕作業に着手した。その年の二月、わたしたちはまず地元の役所に連絡を入れ、建物のまわりに地下排水溝を敷設するための補助金を申請した。その頃には屋敷の雨樋はどれもはずれ落ち、雨水が地中に浸透して、建物の湿気が高くなる原因になっていた。水はけをよくするためには、家のまわりに溝を掘り、透水管を埋設する必要がある。補助金が出たおかげで、この工事は可能になった。終了まではかなりの時間を要した。

実際に屋敷の修繕が始まったのは二〇〇二年だ。その前に資金を集めなければならなかったのだ。前任の管財人たちからはこう言われていた。「イングリッシュ・ヘリテッジに関わってはなりませんよ。何もかもが非常に複雑になってしまいます」。しかし、トレミーは指摘した。「オリガ、あなたには資金がない。屋敷を維持したいのなら、これしか方法はありません」。そして、イングランドの歴史的な建造物を保護する組織、イングリッシュ・ヘリテッジにわたしを紹介した。

プロジェクトの成功は誰が責任者であるかにかかっている——そしてわたしは最高の責任者に恵まれたと言わざるをえない。おかげで、手続きは順調に進み、イングリッシュ・ヘリテッジから四十万ポンド近い補助金を与えられた。大金に見えるが、その大半はトレミー、建築技師、建築積算士、それに考古学者への報酬となった。

イングリッシュ・ヘリテッジは「再建費用に応じた融資」と称しているが、実際には工事総額のごく一部をまかなうだけにすぎない。玄関広間に大広間、客室といった、客のもてなしに利用される部分と、屋敷の外回りおよび屋根の修繕には、補助金を使うことが認められた。この屋敷にかかった費用はちょうど二百五十万ポンドを超える。ほかの者であればもっと本格的に修繕しているところだろうが、そうすると四百万ポンドを超えかねない。資金を工面するため、わたしは土地を含めて、さまざまなものを売却した。今では残った土地はたったの三十五・五エーカーしかない。

四十万ポンドの補助金は全修繕費の中では微々たるものながら、仮にわたしが屋敷を売り払うことになると、補助金は返済しなければならない。わたしの収入源はプロヴェンダーのみのため、倹約生活を心がける必要がある。でも、たまにはシャンパンやおしゃれを楽しみたいものだ。

＊＊＊

補助金を審査する過程で、イングリッシュ・ヘリテッジはこの屋敷の歴史的重要性を認め、工事を開始することが可能になった。プロヴェンダーには三十ほどの部屋があり、最終的に、作業を四つの段階に分けることが決まった。それにしても、政府の機関が関わると、ものごとを進めるのに、とにかく時間がかかる。

わたしたちは建築技師と建築積算士、それにトレミーともう一人の建築士、マルカムを交えて、厨房で現場打ち合わせを重ねた。たいていは、そのあと昼食のためにパブへ繰りだした！

娘のポギーが屋根裏を片付けるのを、マルカムは親切にも手伝ってくれた。かつてはメイド二人が使用していた（そして今はわたしの寝室となっている）屋根裏には、古い絨毯や敷物、家具が詰め込んであり、すべてのものに独特のにおいがしみついていた――ネズミの尿と消毒液のにおいだ。すべてを廃棄するのに、マルカムの古いフォードに運び込み、ゴミ処理場まで何往復もしなければならなかった。しまいにはネズミの尿と消毒薬のにおいが移り、マルカムは車まで処分しなければならなかった！

修復の第一段階は、十七世紀に造られた客間部分だった。この工事は別々の業者三つに委託する必要があり、安ければいいというものでもなく、イングリッシュ・ヘリテッジとトレミー、マルカムが面接をして最終的に選んだ。目の保養になる作業員でありさえすれば、わたしとしては文句はない！　常に希望を聞いてもらえるわけではなかったものの、だいたいは運に恵まれた。

次は、現在では賃借人が住んでいる、十五世紀に建造された翼の工事に入った。第三と第四の段階は同時進行だ。第三段階は屋根で、一部分ずつ屋根を取りはずしてからの作業となった。そのあとはいよいよ最大の仕事となる、十三世紀からある屋敷の中心部分に取りかかる。

二〇一〇年か二〇一一年には、「危険にさらされている建造物」の指定からついにはずされた。今後はビールの醸造小屋を広々とした厨房へ作り替え、子ども部屋と学習室を浴室付きの美しい寝室に改築する予定だ。

十三世紀部分の工事の最中は、作業員たちが働きやすいよう、屋根は取りはずしたままにして足場を組み、天井部分を緩衝材と鉄板で覆うだけにしてあった。作業を終えるまで二年半の歳月がかかり、幽霊たちもすっかりしびれを切らしはじめた。

＊＊＊

トレミーは幽霊の存在を信じているが、マルカムはばかばかしいと頭から否定していた――ある日、十三世紀に建てられた部分でドアを閉めようとして、何かが反対側から強い力で引っ張り返すまでは。ドアの向こうには誰もいなかった。

屋根がはずされていたあいだの別のとき、大きな木片が飛んできて、屋内で働いていた作業員の頭に命中した。「おい！」仲間がふざけて投げたのだろうと、男は振り返った。またしても、まわりには誰もいない。

真束小屋組の主寝室を改修中、部屋にあった大きな鏡は子ども部屋がある一角の廊下に置かれた。鏡は長いこと磨かれておらず、埃をかぶったまま横向きにして壁に立てかけられていた。数週間後、埃の上には「ＢＥＧＯＮＥ〔立ち去れ〕」という言葉が、古い英語のように一つの単語として綴られていた。

幽霊たちは屋敷内のあちこちに出没する。母の生前、友人のクラリーは週末にたびたびプロヴェンダーまで遊びに来ていた。屋敷には彼女が泊まれる部屋はなかった――自分たちではっきり自覚していなかったものの、建物はすでに崩れはじめていたのだ。そのためクラリーはファームハウスか、道の先にある友人宅に宿泊した。ジンのボトルを一本渡しさえすれば、彼女はどこでだろうと上機嫌で眠りに就いた。

初めてクラリーがプロヴェンダーを訪れたとき、わたしの母は厨房でマヨネーズをかき混ぜ、料理を作っていたので、クラリーは自由に屋内を見て歩いた。彼女は途中で厨房をのぞいて、母に報告した。「客間できれいな女性を見かけたわ。それはすばらしいドレスをまとって、羽根付きの帽子をかぶっていたのよ」。そのあとふたたび引き返してきて、母に言った。「さっきの女性のご主人がいたわ、騎士なのよ、裏の階段の手すりから見おろしていた」

母は屋敷に幽霊が出ることは認めたがらなかった。そこで一人で暮らしている者にしてみれば、気持ちのいい話ではない。母は幽霊の存在そのものは気にしなくても、どんな形であれ、関わり合いになりたくなかったのだ。だからクラリーがどれほど言っても、ジンのせいにし、酔ってまぼろしでも見たのだろうと片付けた。

それから何年も経ち、クラリーが酒を断ったあとのこと、わたしはエディンバラ郊外の村、インヴェレスクに彼女と逗留していた。クラリーはわたしに言った。「あなたはわかってるんでしょう、あれはジンのせいじゃなかった」。やはり、彼女は幽霊を見ていたのだ。クラリーはほかの場所でも幽霊を目にしたことがあった。

「ええ、わかってる」。わたしはうなずいた。プロヴェンダーには数々の時代の幽霊が住み着いている。七百年以上もの歴史を持つ屋敷だ、幽霊がいるのは当然だろう――何世紀にもわたってここで人が生まれ、死んでいる。

客間の寄せ木細工の上で家具を引きずる音を、母は何度か耳にしている。彼女は階下へと急いで（母の寝室は今では二階の客間になっている場所にあった）ドアを開け、何か動いていないか、誰かいるのではないかと見回すが、何かを目にしたことは一度もない。

厨房の壁には召使いの呼び出し用にガラス張りの箱が設置されており、上階で紐を引っ張ると、呼び鈴が鳴って、呼び出しのあった部屋の旗があがる。わたしたちが厨房に集まっていると、呼び鈴が鳴り、開かずの間になっているはずの部屋の旗があがることがたびたびあった。

わたしは長いこと幽霊を見ていない。父の容態が思わしくなかった頃は、灰色の服を着た足のない女性が、広い通廊を漂っているのを見かけた。灰色の女性は警告のしるしだ。白服の女性なら問題ないが、黒衣の女性は死を意味する。わたしはこの手の亡霊は怖いと思わない――わが家の霊は邪悪ではない。

別のときには足跡がついていた。祖母シルヴィアの寝室は、今では家族部屋になっている場所の奥にあり、寄せ木細工の床が張られていた。そこは祖母専用の居間と寝室、浴室がひと続きになっていた。一九六二年のある朝、祖母が亡くなる三週間ほど前のこと、通廊のドアから別のドアまで、祖母の居間の前を横切るようにして、濡れた足跡が点々と続いているのが見つかった。足跡は極端に幅が狭く、まるでエリザベス朝時代の人が歩いた跡のようだった。それでいて、足跡の間隔はいやに離れていた。わたしは十二歳で、足跡を踏んで確かめたのを覚えている。

美しい寄せ木細工の床にしみがついたと、わたしの母は憤慨した。十四のときからわが家で働いている、大事なメイド兼清掃人のアイヴィーは、さまざまな種類の汚れ落としを試して、足跡を消そうとした。どれ一つ、足跡を消すことはできなかった。数日後、祖母が死去する前に、足跡はふっと消えていた。

真束小屋組の主寝室には、かつてオーク材でできた中空の柱が二本並んでいた。柱にはさまれる形でフランス式ベッドがあり、奥には木製の長椅子が置かれていた。祖母の具合が悪かったとき、わたしは彼女の寝室まで何度も様子を見に行ったものだ。ある日、寝室から出たところで、かさかさと音がするのに気がついた。音に引かれて主寝室をのぞいてみると、黒衣の老女が長椅子に腰掛け、何かをせっせと薄紙に包んでいた。わたしはしばらくそれを見つめた。老女の動きに合わせて衣擦れの音がかさかさとした。

わたしは通廊に出て、そのあと母に言った。「お母様、黒い服を着たおばあさんがいて、何かを包んでいるの。おばあさんの服はかさかさ音をたてていたわ」

「それはあなたのひいおばあ様よ」。それが母の返事だった。

曾祖母のコンスタンスは夫エミールの死を深く悼み、以後黒衣を脱ぐことはなかった。曾祖母は、死の床にある自分の娘シルヴィアを迎えに来たのだろう。その後ほどなくシルヴィアは息を引き取った。

最初は足跡、その次には曾祖母の亡霊が、祖母シルヴィアが亡くなる前触れとなった。

十五世紀に造られた翼は、以前は使用人の住居だった。二つの大戦のあいだには、使用人用の部屋が六つあった。母は古い厨房をわたしの父専用の居間に変え、ロシア時代の貴重品を飾った。真っ赤な縞模様の壁紙を貼り、黄金色のコーニス、それに幅木で彩られた部屋は、「ロシア翼」と呼ばれるようになる。広々としたこの部屋は、現在では賃借人が居間兼ダイニング・ルームとして使っている。

屋敷のその部分は、好ましくない空気を醸しだしている。実際、きわめていやな感じを覚え、中でも寝室はとりわけ薄気味悪い。間違いなく霊がいるのだろう、しかも無害なたぐいとは限らない。

フランとポギー、それにわたしは、全員が超自然的な存在を見たり、感じたりすることができる。わたしの母も同じだったのに、長男のニックは、幽霊に尻を噛まれようと気づきもしなさそうだ。どうやらわたしの孫娘の一人も同じ能力を持っているらしい。子どもは八歳ぐらいまで、霊を見て交信することができるとわたしは考えている。相手が霊だと気づくことなく会話をし、遊んでいるのだ。

あるクリスマスのこと、生後十八カ月か十九カ月だった孫のルーシーは、わたしの息子と庭に出ていた。ルーシーは早くから言葉を話すことができ、修復されたばかりの翼の窓をじっと見上げていた。突然ルーシーは叫びだした。「しろいかおのおじさん！」孫が指さしているのはどこか不気味なあの寝室で、何者かが窓ガラス越しに外を見ていたのだった。

現在、十五世紀部分の翼は賃貸にしている。一時期、霊感の強い夫婦が入居していたことがあった。ポーランド人の妻とイギリス人の夫というカップルで、夫のほうは朝の五時ぐらいに、寝室の窓辺に立っている女性の姿をしばしば目撃した。

わたしは女性の服装が何世紀のものだったか、古めかしいものだったかきいてみた。「いいえ」。彼は否定した。彼の考えでは、おそらく一九二〇年代か三〇年代のよそおいだった。その女性が誰なのかはわからずじまいだ。「彼女に触れてみた?」わたしは尋ねた。

「まさか!」

もしも触ることができていたら、その男性はきっと弾丸並みの速さで逃げだしていたことだろう。そこでは照明がついたり消えたりすることもあったが、その後は霊に煩わされた者は誰もいない。ただ、奇妙な雰囲気は今も感じることができる。現在の住人は何一つ感じないそうだ。

最初の借家人はロンドンの下町育ちで肝が太く、体格のいい男性だった。彼には暖炉を販売している、同じく下町育ちの友人がいた。その友人が訪ねてきた翌日、借家人の妻エラはこんな話をしてくれた。貸家にしてある翼は、二階の浴室にトイレが一つあるだけだ。

友人はトイレに行ったあと、戻ってきてこう言った。「おいおい、あそこに何がいるのか知らないが、やたらと寒くて、妙な感じだったぞ。うなじと両腕の毛が逆立ったよ。本当に奇妙だった」。借家人夫婦は幽霊のせいに違いないと友人に言った。

エラはそのあと二階へあがり、指を振りながら幽霊をたしなめた。「いたずらはやめてちょうだい。わたしたちのゲストにちょっかいを出してはだめでしょう」

屋敷を売り払うわよとわたしが脅してからは、幽霊たちもずいぶんお行儀よくなった。母の死後、わたしは幽霊たちに警告した。「わたしや子どもたちにいたずらをしたら、わたしはこの家を手放すわよ——あなたたちもひっくるめて、お金持ちの外国人にね」

それから霊たちはおおむねおとなしくしている。しかし、娘がボーイフレンドや仕事、その他の不満を抱えて帰ってくると、その感情が生みだすマイナスのエネルギーが、ときおり幽霊たちを刺激する。

通廊の端には、はなはだ不気味な雰囲気が立ちこめている。そこから入れる主寝室の浴室にも、奇妙な気配が感じられた。わたしや娘、フランは、そこへ行くとうなじと腕が総毛立ち、何か不快な存在がいるのを感知する。とりわけわたしの娘は霊の影響を受けやすいようだ。

わたしの母方の祖母シルヴィアはカトリックに改宗しており、ローマ教皇の祝福を受けたロザリオビーズを持っていた。わたしは屋敷の中で何か異常を感じると、ドアの取っ手にそれをかけ、聖母マリア像をテーブルに置くことにしている。すると三十分もせずにすべてが穏やかさを取り戻すのだ。この方法は毎回成功している！

わたしはプロヴェンダーに住み着いている霊たちに干渉するつもりはない。わたしの母も同じ考えだったらしく、保険査定人との一件がそれを裏付けている。

母は浴室をリフォームした際に、物干しラックを設置した。下部には木製カバーがあり、その下に電気ヒーターが内蔵されていた。一九五七年ぐらいのある日、家族が一階で昼食を取っていると、誰かがドアを叩いて声を張りあげた。「二階の窓から火が出てるぞ」。わたしたちはすぐさま消防局に電話をした。一方、父は二階へ駆けあがり、軍隊での訓練を思い出しながら、消火器を手に体をかがめて火の中に飛び込み、消火に当たった。

何が起きたかというと、母が干していたナイロン製のパンツが――おそらく今のものより燃えやすい素材だったのだろう――下のヒーターに落ちて発火したのだった。その後、母はこのことでからかわれたものの、炎の中に飛び込んで火を消した夫に深い感銘を受けていた。

火事の結果、浴室と寝室は、美しいサテンの上掛けからそのほかの贅沢な調度品すべてを含めて、修復できないほど焼け焦げ、母はゲストルームに移らなければならなかった。母の部屋がもとの姿に戻るまでゆうに八カ月を要した。

それ以後は地元の消防隊が定期的にプロヴェンダーを見回りに来ていた。火事のときに消防隊の到着が遅れるのを母が心配したからだ。消防隊はこれを訓練の一環として扱い、消防署から出動に要する時間を計り、ホースを出して屋敷の中で消火作業の練習をした。

火事のあと、保険査定人が訪れた。二度目の訪問の際、母は十分ほど彼を客間に一人にして、電話の応対のために席をはずした。部屋に戻ってくると、保険査定人は母にこう言った。「おお、この部屋にはなんとたくさんの者たちがいることでしょう。ぜひわたしの妻をここへ連れてきたい。妻は霊能者なんです。ここにいる者たちと話をするのをきっと喜びます」

母はただ相手を見据えて言った。「今すぐわたしの家から出ていきなさい！　わが家の霊たちに干渉するなどもってのほかです、この無礼者！」そして保険査定人を家から追いだした！

わたしも母と同じように思っている。霊たちにはここにいる権利がある。

十二歳のとき、家族で馬場から帰る途中、わたしは小人《ノーム》を見かけた。その話を理解してくれたのは友人のクラリーだけだ。一部の人たちは、とりわけアイルランド人は、こういう存在を見ることができるようだ。子どもたちにこの話をすると、長男からはこう言われた。「母さん、頼むからぼくの友人の前でその話は二度としないでくれよ。恥ずかしいったらない」。それでもわたしはノームを見たのだ。ノームは生きていた。

ヘリコプターがありふれたものになる前に、庭で宇宙船を目撃したこともある。わたしの父は地球外には生命があると常々と言い、こんにちではエイリアンと呼ばれる、ほかの惑星に住む者の存在を強く信じていた。わたしも宇宙には何かが存在すると思う。政府がそれを隠しているという説は、わたしのお気に入りだ。

＊＊＊

この屋敷にまつわる言い伝えは、真偽のほどはともかく、数多くある。庭にたいそう古いイチジクの木があり、その木は第一次世界大戦の前に一度枯れている。その後、ふたたび美しい葉を生い茂らせたものの、第二次世界大戦前にふたたびすべての葉っぱが枯れ落ちたと言われている。

現在、その木は豊かな緑に彩られている。大きな木で、思い切った刈り込みが必要だが、第三次世界大戦を引き起こさないかと心配だ！　ただの作り話であるよう願っている。

プロヴェンダーでのわたしの暮らしは楽なものではない。使用人は一人もおらず、クリーニングスタッフには週に一度、三時間、庭師には二週に一度来てもらっている。次男のフランは南アフリカから帰国後、ロンドンでさまざまな職に就き、造園業者で働いたこともあるため、ここへ来ると庭仕事をよく手伝ってくれる。

ほかにもわたしは馬やポニー、犬たちの世話をしている。今は飼っている犬は二匹だ。一匹はワイヤーヘアー・ダックスフントのロニー、もう一匹はジャック・ラッセル・テリアのジャック。ロニーは、もともとはわたしの犬ではない。わたしの友人が飼っていたが、仕事でロンドンに滞在することが多く、よくわたしに犬を預けていた。友人がケンブリッジに引っ越すことになったのをきっかけに、ロニーはわたしが引き取った。幸い、膨大な医療費は友人が負担している。ロニーはショードッグとして生まれ、同系交配は健康被害をもたらすことがあるのだ。

＊＊＊

現在、プロヴェンダーは年に二十八日間、一般公開されている。それに加えて、四月から十月までは、オーク・ルームで、五十名までのグループにお茶会を提供している。夏場はわたしが屋敷内のツアーを行う。ロシア公女《プリンセス》本人の案内は喜ばれるため、わたしもできる限り屋敷にいるようにしている。都合がつかないときには、「申し訳ありませんが、わたしは留守の予定です」と謝罪のEメールを送り、平謝りしなければならない。

返信には必ず落胆の色がにじむのだった。「お会いできるのを楽しみにしていたので、本当に残念です」

プロヴェンダーを一般開放したばかりの頃は、いらっしゃるのは主に年配のご婦人方で、おおかたはただ物珍しそうに屋内を眺めていた。ところが、わたしの娘が見ている前で家財が盗まれてしまう！

ポギーは居間の戸口のすぐ近くにいた。わたしは広い通廊の反対側へグループを先導していたため、自分の背後でツアー客たちが何をしているのかは見えなかった。しかし、娘は目撃した。婦人会の集まりで来ていたとても上品そうな老婦人が手を伸ばし、何かを脇の下にはさんだかと思うと、通廊を歩き去りながらハンドバッグの中にさっと入れたのだ。ポギーがガラス製のテーブルへ駆けよると、うっすらと積もった埃が、そこにあったはずの小箱の形を縁取っていた。盗まれたのはロシア製の紙細工《パピエマシェ》の小箱で、娘のものだった。高価な品物ではないものの、ファベルジェの小箱が盗られていたかもしれないのだ。

グループのリーダーのもとへ行き、「申し訳ありませんけれど、グループの方が展示品を持っていかれたようです」と訴える代わりに、わたしは黙っていた。だが、内心では怒り心頭だ。イングリッシュ・ヘリテッジから屋内の自由見学を実施するよう指示されたとき、ガイドなしで自由に歩き回らせることはできない旨を伝えると、理解を示してもらえた。

何かが盗まれたのはあの一回限りだが、娘はあの夜、トレイを持って部屋を回り、価値があると思う品物をすべて隠してしまった。この二年、わたしはそれらをずっと探している。

「いいえ、どこにしまったかは教えないわよ。お母さんのことだから、どうせまた盗まれるに決まっているんですもの!」娘はそう言った。

別のときは、団体を連れてオーク・ルームに入ると、小柄な年配の女性がわたしを振り返って尋ねた。「この部屋はどうしてオーク・ルームと呼ばれているのかしら?」

答えはオーク材の壁を見れば一目瞭然で、ふだんならブリジット・ジョーンズばりの辛辣な言葉を返すところだが、お金を払って来ていただいている相手に、失礼な応対をするわけにはいかない。わたしはにっこりと微笑んだ。「注意深くごらんになれば、部屋の壁にはオーク材の鏡板が全面に張られているのがおわかりいただけるでしょう」

屋敷を一般公開する前、マルカムは建築士のグループに、今では西翼と呼ばれているロシア翼を案内していた。彼らは修繕作業の見学に来ていただけで、木造部分はまだ腐ったままだった。一人の運のない女性は、階段ののぼり口の床から下へと落下してしまった! 床下まではかなりの距離があったものの、幸い、その女性は気にすることなくただ笑っていた。

子ども部屋がツアーに含まれていたこともあり、そのときは女性がいきなり、「気分が悪いわ」と言ってよろめいた。そして手を伸ばしたところにあったものをつかむや——それは娘が大学時代に使っていたゴミ箱で本人の私物が入ったままになっていた——その中に嘔吐してしまった!

ときおり興味深い話が聞けることもある。一人の旅行者は、現在では倒産した大手銀行で管理職に就いていたとき、とあることがらに関する秘密保持契約書にサインをするよう求められたそうだ。その契約はすでに失効しているため、わたしに伝えておくべきだろうと彼は考えた。彼の話によると、サッチャー元首相がミハイル・ゴルバチョフ元書記長と信頼関係を結ぶことができたのは、七十年間休眠状態になっていたロシア皇帝の銀行口座の預金を没収することで合意に至ったのが大いにものを言った。

　自分の屋敷を一般客に案内するのも、ときには楽しいものだ。かなり大変な仕事ではあるけれど、それは気にならない。わたしは自分がおしゃべりをする声が好きなのだと、子どもたちからはいつも言われる。現在プロヴェンダーを訪れるのは、美術史家や、単に建造物や歴史に興味がある方々だ。多くは装飾美術会・美術会協会《NADFAS》の会員であり、興味深い人たちなので、一緒に話をしてわたしも多くを学んだ。建築関係者は誰もがトレミーを知っており、彼のことをきわめて高く評価している。建築関係者にとって、トレミーは神にも等しい存在だ。

　プロヴェンダーは結婚式やその他のイベント会場としても使用されている。メディアでの大々的な宣伝を計画中だ。屋敷を維持するためには、毎月最低でも四千ポンドの収益をあげなければならない。今のところはわずかな収入にしかなっていない。グループツアーから入るお金では、必需品の支払いがどうにかなるという程度だ。わたしたちの目下の目標は、資金を集めて、プロヴェンダーができるだけ長く存続できるようにすることだ。

　いずれわたしの子どもの一人がプロヴェンダーに住み、わたしが始めたさまざまなプロジェクトを引き継ぐことだろう。わたしも長生きして、屋敷がかつての壮麗さを取り戻すのをこの目で見たいものだ。

第十一章
失われた遺産

一九一九年、戦艦マールバラはわたしの曾祖母、ダウマーことマリア・フョードロヴナ皇太后と、わたしの祖母、ロシア大公女クセニアを含む一族の者たちを乗せて、ヤルタを出発した。荷造りをする時間はわずかしかなく、持ち運ぶことができたのは所有物のほんの一部、宝石や装飾品など、換金可能なものばかりだった。

わたしの一番年下のおじ、ヴァシーリー公は、このときまだ十二歳で、ペットのカナリアを船に持ち込んだ。かわいそうに、船旅のあいだ、兄の一人が舷窓の外に出してしまい、飛び立ったカナリアをおじは二度と見ることがなかった。

プロヴェンダーには、戦艦マールバラに乗せられてやってきた旅行用トランクが二つある。一つは祖母クセニアのトランクでＫと記されている――これはロシア語のアルファベットにはＸＥＮＩＡ《クセニア》のＸがないからだ。もう一つのダウマーのトランクには29という番号が振られている。曾祖母が所持していたトランクの数がどれほどだったのかが、それでわかる。どちらの内張りも美しいもののながら、ダウマーのもののほうが上をいく。

わたしも実際にヤルタの海岸に立ってみた。今ではそこに記念碑があり、こう記されている。

「一九一九年四月十一日、イギリスの戦艦マールバラが、マリア・フョードロヴナ皇太后を含む亡命したロシア皇族を乗せて、ヤルタを出発」

ヤルタの海岸にたたずんだわたしの胸に、こんな思いが去来したのを覚えている。曾祖母たちはヴァカンスへ出発しようとしていたわけではない。ここを去らねばならなかったのだ。戦艦マールバラは、ボリシェヴィキから逃れようとする人々を満載した、複数の軍艦の一隻でしかなかった。

ダウマーがヤルタを脱出することにしたのは、姉であるイギリスのエドワード七世妃アレクサンドラから、時間があるうちにそうするよう懇願されたからにすぎない。もっとも、ダウマーは記念碑が立っている場所から旅立ったのではなく、実際には、海岸沿いのコレイズにある入り江から出発している。そこはユスーポフ公の所有地で、ひと目につかず、ダウマーは自分が去るところを目撃されないよう、小舟に乗って軍艦まで移動した。

船上ではクセニアが船室を割り当てる手伝いをした。ダウマーやロマノフ家の者たちのために、提督に艦長、船員たちも船室を明け渡し、自分たちはどこか間に合わせの場所で眠らなければならなかった。ダウマーは自分専用の船室を与えられたが、ひと部屋を二、三人から四人で使う者たちもいた。クセニアの息子たちは誰がどのハンモックで眠るかで喧嘩になっている。船内にはロマノフ一族と同様に、ほかの貴族たちや、ニコライ一世の孫に当たるロシア大公ピョートルに、その兄でロシア帝国軍最高司令官を務めたロシア大公ニコライ（「ニコラーシャ」）などの親戚も搭乗した。彼らもそれぞれ家族と使用人を連れており、荷物が山ほどあった。

ほかの船舶も救助のために到着し、埠頭では残された人々が乗船させてくれと哀願した。カオスのような光景だった。

船が出航すると、クセニアは海岸線を最後にひと目見るために、船長から双眼鏡を借りた。「海岸に沿って並んでいる、小さな黒いものは何かしら?」彼女は尋ねた。

「あれは銀食器が入った長櫃でございます、大公女殿下」。船長は答えた。

使用人たちは置き去りにされるのを恐れるあまり、われ先にと乗船し、銀食器を運び込まなかったのだ。五十四棹もの長櫃が置き去りにされ、のちのちクセニアやほかの者たちはこのことを苦々しく後悔した。

＊＊＊

軍艦は最初にコンスタンティノープルへと向かい、そこでロシア大公ピョートルと兄のニコラーシャ一行は別の船に移り、イタリアを目指した。二人の妻は姉妹で、その妹がイタリア王妃となっていたのだ。一行と入れ替わりに、新たな亡命者が乗り込んできたため、船内には相変わらず余分なスペースはなかった。

イギリス側は亡命者となったロシア大公の受け入れには依然として難色を示しており、おそらくダウマーも、イギリス政府や王室の面目を失わせるようなことはしかねたのだろう。戦艦マールバラは当時イギリス領だったマルタへ針路を取った。船員たちはわたしの曾祖母やその家族にとてもよくしてくれた。ロシア正教会の伝統に従って、聖大金曜日には礼拝を行い、復活祭の日にはダウマーが子どもたちにプレゼントできるよう、模様を描いた卵を用意している。

マルタでは全員が下船した。ダウマーは同じ船でイギリスまで行けるものと期待していたが、戦艦マールバラに黒海へ向かうよう要請が出ており、ジョージ五世からの個人的な電報をもってしても、それは変更できなかった。戦艦ロード・ネルソンが迎えにくるまで、一同はマルタで足止めにされる。

マルタ総督の夏の住まい、サンアントニオ宮殿が曾祖母たちの受け入れ先になった。革命のさなかで、長いあいだ息が詰まるような生活を強いられていたクセニアの息子たちは、すぐにはめをはずして大騒ぎした。年少の者たちは、食事中に使用人の脚をくすぐったり、宮殿の外に立つ衛兵のライフル銃を引っ張ったりし、祖母のダウマーがそばを通りかかると、慌てておとなしく

となしくしているふりをした。年長の者たちは、総督からの厳命に逆らい、副官を説き伏せて競馬場へ案内させている。

年長の子どもたちはかなりの騒ぎを引き起こしたようだ。ある晩など、庭を取り囲む塀のすぐ外にオープンカーを停めておくよう運転手に頼むと、部屋をこっそり抜けだして木に登り、塀を越えて車で街へ繰りだした。ヴァレッタの街で楽しんだあと、戻ってきた彼らがあまりに騒ぐので、パジャマ姿の副官はそのうち一人を追いかけまわして、ベッドまで連れていかなければならなかった。別のときには、父の弟フョードル公はフェリックス・ユスーポフ公と合流して、戦艦マールバラの船員たちと一緒に、ヴァレッタのナイトクラブめぐりをしている。

サンアントニオ宮殿は美しい庭園があることでよく知られており、ダウマーは記念に植樹をするよう頼まれた。苗木を植えていると、すぐそばにドイツ皇帝ヴィルヘルム二世の名前が記されたプレートがあるのが目に入った。「ドイツ皇帝が植えた木など、なぜそのままにしているのです、あのいまいましい男め！」ダウマーはそう言うと、ヴィルヘルム二世が植えた木を日傘でつついた。

「木に非はございません、皇太后陛下」。若い副官は生意気な返事をした。

やがて戦艦ロード・ネルソンが到着し、一同をイギリスへと運んだ。

＊＊＊

ダウマーは、ロンドンのマールバラ・ハウスに住む姉のアレクサンドラ妃のもとへ移った。しかし、一日中顔を合わせていると、姉妹のあいだに不協和音が生じるようになる。子どもの頃から、そりの合わない姉妹だったのだ。

この頃にはアレクサンドラはほとんど耳が聞こえなくなっていた。妹のダウマーが時間に厳格なのに対し、姉のアレクサンドラは時間にルーズなことで有名だった。ダウマーは皇太后である自分のほうが、王太后である姉より位が上だと考えるが、アレクサンドラ妃のほうはそれを受け入れず、その結果、ドアから入る順番のことで姉妹はしばしばもめることになる。最終的に、ダウマーは決意した。「もうじゅうぶんです！　わたくしはコペンハーゲンにある自分の家で暮らすことにします」

かくしてダウマーはデンマークへと去り、イギリスに残ったクセニアは母親と離れればなれになるものの、ダウマーは毎年、姉のアレクサンドラ妃に会いにイギリスを訪れている。もっとも、どちらが格上かという問題は消えなかった。一九二三年、のちにイギリス国王となるジョージが結婚した際には、バッキンガム宮殿のバルコニーに並ぶ立ち位置でほとんど言い争いになっている。

式のすぐあと、ダウマーは病にかかった。そのため、アレクサンドラ妃は別邸があるサンドリンガムに行く代わりに、ロンドンのマールバラ・ハウスでひと夏を過ごし、ダウマーがデンマークに帰れるようになるまでともにいた。姉妹の別れは悲しいものだった。お互いにふたたび旅をするだけの体力はなく、二度と会うことはなかった。

コペンハーゲンの北部にある屋敷ビズオウアが、ダウマーの終の棲家となった。そこは一九〇六年に姉のアレクサンドラと共同で購入した場所だった。第一次世界大戦前、姉妹はサンクトペテルブルクとロンドンのそれぞれの宮廷から逃れて、毎年数週間をこの屋敷で過ごした。ビズオウアは二人のわが家だった。プロヴェンダーの客間にはダウマーとアレクサンドラの美しい写真が飾ってある。ビズオウアで撮影されたもので、その鮮やかな色彩は見る者を感嘆させる。

アレクサンドラとダウマーは、屋敷を購入すると、お互いにお気に入りの家具を置いた。ダウマーの死後、ほとんどの家具はオークションで売却されるが、クセニアとその妹のロシア大公女オリガは、いくつかの品々を形見としてもらい受けた。ダウマーがロシアから持ちだした品々のいくつかが、今もプロヴェンダーに残っているのはそのためだ。それらはデンマークからイギリスへと運ばれた。ロシアに残されていたら、国外へ出すことは決してかなわなかっただろう。

アレクサンドラとダウマーは、ロンドンの家具店にそっくり同じデスクを二つ注文し、ビズオウアの書斎に並べていた。アレクサンドラのデスクはウィルダネス・ハウスへと移され、今ではプロヴェンダーの図書室に置かれている。けれど、ダウマーのデスクのその後はわかっていない。

ダウマーがロシアから亡命した際、彼女が信頼を寄せていた二名のコサック兵、ヤーシチクとポリャコフはともについてきた。二人はダウマーのために家族を捨て、寝るときも彼女の寝室の前で番をした。その後、コペンハーゲンで死去し、その地のロシア人墓地に埋葬されている。二人はダウマーに忠誠を貫いた。

ダウマーの甥、デンマーク国王クリスチャン十世は金銭にうるさい面があり、ビズオウアの維持費と全出費を管理していた。ダウマー自身は財産がなかったためだ。ある冬、ビズオウアでは寒さが厳しすぎ、ダウマーはコペンハーゲンの冬の王宮、アマリエンボー宮殿に身を寄せた。すると国王は、彼女が使用している部屋にだけ照明をつけるよう求めた。ダウマーはこれに憤慨し、召使いたちに命じて宮殿中の照明を一つ残らず点灯させた！　国王はこれをおもしろがりはしなかっただろう。

革命により、皇帝であった息子ニコライとその家族を失うという悲劇に見舞われたダウマーを、多くの人々が陰ながら支えていたに違いない。大勢が彼女のもとへ謁見に訪れている。わが家のどこかに、来訪者全員の名前を記した名簿があるはずだ。

ダウマーの宝石箱も彼女とともにデンマークへ渡った。どれほど金銭が必要になろうと、ダウマーは一つたりとも宝石を売らなかった。彼女の宝石箱は――クリミアでボリシェヴィキが家捜しをしたときにスカートの下に隠したものだ――今もわたしのもとにある。ファベルジェの作品を思わせる美しい作りで、真鍮の持ち手を倒すと、箱に沿ってぴたりと重なる。紫色の革に、一種のキャンヴァス地が張られている。悲しいかな、中にあった宝石は一つも残っていない。

一九二八年のダウマーの死後、娘のクセニアとその妹オリガは、宝石とその他のほとんどの遺品をすみやかに売却した。宝石が売りに出される前夜、ジョージ五世の后、メアリー王妃は、ボンド・ストリートにある宝石店、ヘネルを訪れて、宝石を格安で手に入れたと言われている。

もっとも、この話は事実ではなかったようだ。販売記録には宝石の査定が行われたのは一九二九年のウォール街大暴落の前で、売却されたのは大暴落のあとだと記されている。しかし、宝石は売りに出す前に再査定が行われていた。実のところ、メアリー王妃は再査定された価格以上の代金を支払っている。よって、王妃はロマノフ一族の宝石を買い叩いたわけではない。だが、そのことはわたしたちには教えられなかった。

長年信じられていた話はこうだ。メアリー王妃はダウマーの宝石を安値で買い取り、その後、エリザベス女王は適正な価格との差額分を娘のクセニアに支払った。わたしはいつも母からそう聞かされていた。その話は事実ではなかったことが今ではわかっている。イギリス王室のメンバーがロマノフ家の宝石を身につけている姿は、ときおり見ることができる。

父とともに軍艦フォーサイスで海を渡った旅行用トランクも、プロヴェンダーに残っている。実用本位の作りで飾り気はなく、父の名前が記されていたプレートはとうの昔に剥がされてしまった。わたしは屋敷の廊下にこのトランクを置いており、とても役立っている。中には清潔な古い毛布などがしまわれている。

ダウマーの日記も発見された。母の部屋の戸棚からたまたま見つかったもので、世界的なチェリスト、ロストロポーヴィチへと売却された。

わたしの手もとにはワインの瓶が一本ある。これはクリミアのヤルタ近くにある、祖父サンドロの地所、アイ・トドールから来たものだ。地所にはたくさんのさまざまな建物があるのに加えて、何千エーカーもの私有ぶどう園が広がっていた。わたしが所持している瓶の中身は飲めたものではない、コルクがすっかり中に押し込まれているのだから。どのみち、多くの旅を経て劣化しているだろうし、飲むにはもちろん古すぎる。

祖父のぶどう園は、有名なマサンドラ・ワイナリーとは無関係だ。マサンドラはロシア皇帝の宮殿の一つで、そのワイナリーは、ロシアの名門貴族、ガリツィン公によって築かれた。アイ・トドールのぶどう園からはかなり離れた場所にある。

＊＊＊

二〇一三年、わたしはウクライナのテレビ局が制作するドキュメンタリー番組に協力し、アイ・トドールを訪れた。彼らはまずリヴァディア宮殿へ連れていき、その後マサンドラ宮殿へと導いた。わたしは後者のほうが建築学的により興味を引かれた。角を曲がったところで、わたしは声をあげた。「まあ、これはイギリスのローズ・ガーデンじゃない！」すると、テレビ局のスタッフが教えてくれた。「その通りですよ。ニコライ二世皇后アレクサンドラは、幼い頃、祖母であるヴィクトリア女王の屋敷で育てられた。皇后は自分の記憶にあるイギリスの庭園をここに再現したのです」。それから別の宮殿を案内し、合計三つの宮殿を訪れた。けれども、わたしが見たいのはアイ・トドールただ一つだった。

アイ・トドールの外側を撮影した写真は、たくさん手もとに残っている。父が愛馬にまたがっている写真もあり、その馬は父の目の前でボリシェヴィキに射殺された。実のところ、父は三頭も馬を撃ち殺されている。テレビ局のスタッフはアイ・トドールという場所を一度も聞いたことがなかったため、場所を探しだすのには時間がかかった。

たどり着いてみると、木製の高い防護フェンスと、小さな戸口付きの巨大な門があった。テレビ局のスタッフが戸口を叩き続けるが、なんの反応もない。その後スタッフは、中へ入る方法を知っていそうな者たちに電話をかけた。ようやく折り返し電話があり、わたしは通訳付きで入ってもいいが、撮影スタッフはだめだと告げられた。

少し英語を話せる感じのいい若い女性が現れ、戸口を開けてくれた。中に入ってすぐ左へ折れた先は、今では森になっていて、ところどころに墓があった。革命前、そこには礼拝堂があり、わたしの父はそこで最初の妻エルサと結婚式を挙げた。何十年も昔のことだ。礼拝堂の床にあった墓だけがそのまま残されていた。

それからわたしたちは私道を進んだ。当時、その場所は七歳から十八歳までの被虐待児を受け入れる施設になっていた。私道に沿ってずらりと並ぶ巨大なサイロには——核ミサイルのサイロではない——窓と寝棚が設置されていた。

わたしたちは「ビッグ・ハウス」と呼ばれる建物に到着した。実際にはそれほど大きくなく、宮殿でないのは明らかだった。老女が出てきて、案内してくれた。一階にも二階にも、部屋には寝棚が据え付けられるだけ据え付けられ、空いている場所はすべて寝棚で埋まっていた。

老女はロシア語で通訳にこう話した。革命前には、七人の子どもが乳母と一緒にやってきて、この家に滞在したものだ——それはわたしの父とそのきょうだいのことだった。そのあと老女はその子どもたちの両親が泊まっていた建物を指さし、わたしたちはそこを見に行った。

かなり狭い場所に、異なる三つの家があった。わたしの祖父母が暮らした山小屋《シャレー》は、スイスのシャレーよりもやや大きめで、瀟洒な建物だった。子どもたちと住居を別にしたのは実に賢い判断だろう。その隣には古い屋外炊事場があり、コーニスがあった場所のまわりには手書きの装飾がまだ残っていた。

現在、アイ・トドールは被虐待児のための施設ではなくなっている。一、二年ほど前、わたしの親戚のミーシャこと、ロスチスラフ・ロスチスラヴォヴィチ・ロマノフが訪れたときには、スパ施設のたぐいに変わっていた。

わたしの父は世界中のどの場所よりもアイ・トドールを愛し、そしてクリミアを愛していた。子どもの頃は丘と海岸のあいだを駆け回っていたそうだ。当時、そこは一面ぶどう園だった。今では無機質な集合住宅がぶどうの蔦に取って代わっている。

現在では「ひなた通り《サニー・パス》」と呼ばれている一本道は、もともとは「皇帝の小道」と呼ばれ、海岸からアイ・トドール、そしてリヴァディア宮殿まで続いている。わたしの祖父母はその小道を通り、皇帝ニコライ二世とその家族を訪問したものだった。

祖父は数千エーカーもの土地を所有していた。一九八九年頃、わたしの異母兄のアンドレイは、エカテリンブルクでニコライ二世とその家族の遺骨を発掘するアメリカ人に同行した際、ロシア人たちにこう言った。「ご存じなんですよね？　クリミアにあるぶどう園の九十パーセントはわれわれが所有していることは」。九十パーセントとは言わなくとも、かなりの割合であるのはたしかだ。すると、相手はこう返した。「ええ、もちろん知っていますよ。だが、証明してもらわなければね」。そして、証明できるものはいっさい見つからないのだ。

祖父はぶどう園をわたしの父に遺しており、どこかに権利証があるはずなのに、わたしは見つけることができないでいる。ありとあらゆる場所を探した。大勢の弁護士に電話をかけたものの、誰もわたしの力になることはできなかった。唯一見つかったのは、弁護士から父宛の書面で、それにはこう記されている。〝親愛なるアンドレイへ、ここに原本の複写を六部同封します〟なのに、その書面と一緒に届いているはずの複写は一つもないのだ。

七〇年代、わたしの両親はトランクいっぱいの写真をサザビーズに売り渡している。まさかふたたび必要になるとは考えずに、証明書も一緒に売却したのだろうか。ほかの書類や写真と一緒に売ってしまった可能性はある。

それとも、今もどこかの銀行で眠っているのだろうか。問題は、母は下着を替えるように、銀行や弁護士を取っかえ引っかえしていたことだ。母が使っていた銀行は、すべて思いつく限り当たってみた。そのうち一つからは、なんらかの証明書を預かっていたことはあるが、今ここにはないとの返答をもらっている。とても歯がゆい話だし、クリミアがロシア連邦に編入した今はなおさらそうだ。ある日誰かが現れて、証明書は存在すると言ってくれないだろうか。

あれはほかの人には価値のないものだ。土地を取り戻すことはできなくても、賠償金ぐらいは手に入れたいものだ。

わたしのもとにあるロマノフの遺産の中で、最も胸を締めつけられるのは、エカテリンブルクのイパチエフ館で発見された磁器製の食器だ。一九一八年七月、エカテリンブルクにたどり着いた白軍は、館に幽閉されていたニコライ二世とその家族を捜索したものの、なんの痕跡も見つからなかった。館には食器だけが残され、白軍の兵士は食器を背嚢にしまって、皇帝の妹であるクセニアのもとへ届けた。

高級品ではないとはいえ、とてもきれいな皿だ。ボリシェヴィキは幽閉中の皇帝一家に華やかな皿で食事を取らせようとはしなかった。ロマノフ家所有の食器の中で、できる限り簡素だったのがその皿だったわけだ。白い皿は太いブルーと細いゴールドのラインに縁取られ、鷲の紋章が描かれている。枚数は多くない。現在はプロヴェンダーの踊り場に飾られており、一緒に展示されている白とゴールドの皿は、一八六六年、わたしの曾祖父母が結婚した際にサンクトペテルブルクの磁器工房で制作されたものだ。

わたしが父から譲られた聖像画《イコン》は、長いこと行方不明になっていた。ある日、曾祖母ダウマーの下着にくるまれているのを見つけた。もっとも、それは普通の下着ではない。綿ローン生地の股割れズロースで、膝下をピンクのリボンで結ぶようになっている。この下着は特別な用途を持っていた。

ティティおばの話によると、競馬場などの屋外の催しでは長時間立ちっ放しになり、周囲に人がいる中で、立ったまま小用をすませていた。そのため、長いスカートの下には股が割れているズロースをはいた。うまくやるにはコツがあり、ティティおばはとても上手だった。けれど、地面が固い場所では、跳ね返って苦労したそうだ。イコンがくるまれていたのはそういう特別製のズロースだった。もともとイコンは二つあり、曾祖母夫婦が列車事故から助かったことを記念して作られた。一八八八年十月、皇室特別列車がボルキ近くで脱線し、車両が崩れた。多数の死傷者が出て、テロリストによる爆撃も疑われた。

わたしの曾祖父、アレクサンドル三世は怪力の持ち主だった。クリスマスの余興に、子どもたちの前で本をまっぷたつに引き裂いたり、火かき棒をへし折ったりしていた。崩れ落ちる屋根を曾祖父は一人で支え、そのあいだに家族と乳母は外へ這いだすことができた。この事故で負った外傷が、のちに曾祖父の命を奪うことになる。曾祖父は腎臓を負傷し、一八九四年、腎不全を発症してリヴァディア宮殿で永眠した。

脱線事故後、曾祖父母はそれぞれ一つずつイコンを贈呈されている。ダウマーに贈られたものは星形で、ファベルジェ作の息をのむほど豪華な三連聖像画だ。ルビーにサファイア、ダイヤモンド、それに金細工が施されている。それはとても有名なイコンとなった。曾祖母の奇跡の脱出を記念し、背面にはイコンを制作させた廷臣や友人たちの名前がすべて刻まれていた。その後、イコンはスウェーデンにある美術品競売商を通して、わたしの手を離れていった。

＊＊＊

二〇〇一年、当時はまだわたしのものだったイコンは、コペンハーゲンの展覧会に貸しだされた。会場を訪れたわたしは、そこでデンマーク女王、マルグレーテ二世に初めてお会いした。わたしたちは同じ高祖父母――デンマーク王クリスチャン九世とルイーゼ王妃――を持ち、かなり近い親戚に当たる。マルグレーテ二世は気取りのない楽しい女性で、地にしっかりと足が着いている。チェーンスモーカーでもあり、その頃はわたしもすぱすぱ吸っていた。

わたしたちがいたのは、壁やキャビネットにすばらしい磁器が飾られた華麗な部屋で、わたしはタバコの灰を落とそうとボウルへ近づいた。「いけません、それには灰を入れないで！　大変な価値があるものですよ！」マルグレーテ二世はそう叫ぶと、安い灰皿を突きだした。彼女といると笑いが絶えない。女王の母君、イングリッド王妃には、わたしの洗礼式で代母を務めていただいている。

今は亡きイングリッド王妃にはパーティー会場で何度かお目にかかっている。たしかそのうちの一つはアバゲルディ城でのカクテル・パーティーだっただろう。王妃はわたしの祖母、それにウィルダネス・ハウスを訪れたことを覚えていらっしゃった。

祖母は自分が所有している宝飾品の、デザイン画付き目録を持っており、わたしは幼い頃、それをよく見せてもらったものだ。鳩の卵ほどもある貴石とともに、エメラルドにルビー、サファイア、ダイヤモンドが描かれていた。どれも驚くほど大きく、この上なく美しかった。

そのため、洗礼のお祝いに代父のノルウェーのホーコン国王からはダイヤモンドのブローチを、代母のデンマークのイングリッド王妃からはエメラルドとダイヤモンドのブレスレットをいただいていると母から聞いたとき、わたしの胸は高鳴った。幼いわたしの頭は、祖母の宝飾品のように大きくて華やかなアクセサリーを思い浮かべた。

十二歳ぐらいのとき、銀行がわたしに見せるためにそれらを持ってきてくれた。わたしは心底がっかりした。どちらもとても小さいのだ。ブローチはHの形に冠がのっており、一番上にダイヤモンドが飾られていた。愛らしいデザインではあるものの、小さくて、ネクタイピンにするのにちょうどいい大きさだ。ブレスレットは赤ちゃん用で短かった。結局、そちらのほうはロンドンの宝石店、ウォルツキーに頼んで指輪にしてもらった。今でもわたしのもとにある。

ほかの代父母たちからもらったプレゼントは、もっと幼児に適したものだった。純銀製のプッシャーはおそらくおじのロスチスラフ公からもらったのだろう。プッシャーとは幼児が食べものをスプーンにのせる道具で、Aを二つ重ねた紋章が入っていた。以前は子ども部屋に置いてあり、子ども用の椅子に座って、ウサギの絵柄のお皿でプッシャーを使って食べていたのを覚えている。とても役立つプレゼントだった。

ロマノフ家の宝石と美術品の多くは、ソ連政府によって売りに出された。一九二〇年代、ロンドンのウォルツキーにいた宝石商、エマニュエル・スノウマンは、ロシアへ行ってファベルジェの美術品を大量に買い集めた。そのうちの一つが、戴冠式の馬車が中に収納されているイースター・エッグだ。

ある日、ティティおばはわたしの父とともにウォルツキーを訪れ、そのイースター・エッグの話題になった。「まあ、ぜひ拝見したいわ」。おばは言った。見せてもらうと、おばは中から馬車を取りだし、卓上で押して車輪を転がした。

「ああ、おやめになってください。大変に貴重な作品なのですよ」。店員の一人が血相を変えて言う。

「まあ、つまらない」。おばは言い返した。「子どもの頃は、これでよく遊んだものですのに」

実はわたしも、子ども部屋にある浴室で、ファベルジェ作のブタをおもちゃにしていた記憶がある。目にルビーの入った、とても美しいブタだ。もとは灰皿だったのだと思う――けれども、わたしはそれにお湯を入れ、浴室で遊んでいた。ブタは一九六〇年代に売られていった。

わたしは、父が生まれたときに、祖父が冬宮殿の窓ガラスに赤ん坊の名前と誕生日を記したエッチング・ペンも持っている。ペンの先はダイヤモンドでできており、反対側のサファイアを押すと、先端が出てくる。ファベルジェではないが、ロシアの別の有名な宝石職人の手によるものだ。

プロヴェンダーでも、父は自分の衣装室の窓ガラスに「アンドレイ」と名前を刻んだ。けれどそのガラスはもうないだろう。屋敷のガラスのほとんどは取り替えが必要だった。

わたしが売却したものの中には（そのことは後悔している、コピーがあると思っていたのだ）祖母クセニアがニコライ二世皇后アレクサンドラと交わした書簡の束があった。若かりし頃、二人はとても親しい仲であった。アレクサンドラは自分のことを「めんどり」と、クセニアのことは「ニワトリ」と呼んでいた。日々の暮らしや家族のことが綴られた、近況を報告し合うだけの手紙だ。

父が持っていた、純銀製の尿瓶を覚えている。それにはAを二つ重ねた紋章と、皇帝冠が描かれていた。女性用もあり、そちらはソースボートの注ぎ口をなくしたような形で、用を足すときにはドレスの下から差し入れられるようになっていた。それらは列車や馬車での長旅の際に使用された。

ある日、父とそのきょうだいがまだ子どもだった頃、一行は乳母と一緒に列車に乗っていた。尿瓶が溜まり、乳母は列車の窓から中身を空けることにした。暑い日だったため、誰もが窓を開けており、乳母が捨てた中身は、後続の車両の窓からすべて戻ってきた！

イコンやファベルジェの宝飾品など、並外れた価値を持つものは、どれも隠したり、銀行に預けたりされていたが、月日の流れとともにすべて失われた。父はファベルジェの宝石と装身具をかなりの数、所有していたものの、屋敷の維持と日々の暮らしのために、すべて手放さなければならなかった。革命後のパリにふたたび戻ったようなものだ。父はすべてを失った。母は長年父を養っていた。父を愛していた母は、それを重荷とは思っていなかった。けれど、七〇年代には、父が所有していた宝飾品全部に加えて、母の貴重品の残りも売らなければならなかった。マクドゥーガル家やボルグストロム家から受け継いだ形見の品々さえ、人手に渡った。

母が持っていたものの中にも、すばらしい装飾品がいくつかあった。母は父から見事な指輪を二つ贈られている。一つは美しいサファイアとダイヤモンドが飾られた婚約指輪で、母のためにファベルジェのブローチから作られた。もう一つは光が当たると輝く筋が浮かびあがる、スターサファイアの指輪だ。この宝石の大きさには圧倒される。かつてファベルジェはこれをペンダントとして制作した。オーク・ルームに飾られている写真では、このスターサファイアは母の指に輝いている。悲しいことに、どちらも手放さなければならなかった。

わが家にあったピクニック用のバスケットは、コサック兵が二人がかりで運ぶほど重量があった。籐細工の外側に革が張られ、中には普通サイズの皿に銀器、クリスタルのデカンタが収まっている。バスケットは一九七五年、ロンドンのサザビーズで売りに出された。落札額は記憶していないが、一週間もしないうちに、ニューヨークでその三倍の値段で転売されていた！祖母のクセニアが父親のアレクサンドル三世と一緒に馬車の中で撮った写真には、このバスケットが写っている。バスケットはロマノフ家のピクニックに使用された。

フランスで死去した異母姉の「ムィシ」は、自分の弟二人にはロマノフ家ゆかりの品々を遺している。わたしはしばらく彼女と会っていなかったものの、以前は頻繁に顔を合わせていた。「ムィシ」は二〇〇〇年十月、わたしの母が亡くなった数カ月後に他界した。母と異母姉の関係は気まずいものだった。母自身、父親の再婚相手とはうまくいかなかった。

「ムィシ」が所有していたロマノフ家の宝飾品の大半は、弟のアンドレイの手に渡った。その中には、祖母が最初の息子であるわたしの父を産んだときに制作された、ファベルジェのブレスレットも含まれていた。それには一八九七年一月二十五日と、父の生まれた年月日がルビーとダイヤモンドで全体にぐるりと記されている。「ムィシ」は生前、そのブレスレットはわたしかわたしの娘に譲ると言ってくれていた。けれど、病のために実行することはかなわなかった。

ブレスレットは売りに出され、残念なことに、とても低い値段しかつかなかった――一万六千ドルだったと思う。その後、わたしはこう言われた。「買い主は、あなたがブレスレットを買い取れるようになるまで、大事に保管しておくとおっしゃっています」。一万六千ドルは当時九千ポンドほどで、わたしにはとても支払えなかった。それでも、これだけ来歴がはっきりしているファベルジェのブレスレットであれば、高すぎることはない。

一九五〇年代に、わたしはハーバート・ギャロウェイ・スチュワートという男性から手紙を受け取っている。彼は一九〇八年から革命が始まるまで、父とそのきょうだいの家庭教師をしていた。わたしはまだ子どもだったため、その手紙は見せてもらえず、手紙はニコライ二世の娘たちが幽閉先で作った飾り箱にしまわれた。手紙を見せてもらったのは十二か十三のときで、その頃には送り主のハーバート・スチュワートは死去していた。飾り箱はわたしが遊び道具にしないよう、戸棚にずっとしまわれていた。

一八九四年、ヴィクトリア女王から賜った結婚祝いへのお礼に、クセニアが書き記した手紙を、わたしは今も持っている。「女王陛下……わたくしの結婚式のためにお贈りいただいたすばらしいお祝いの品には、深い感銘を覚えました。心よりの感謝の気持ちをここにしたためさせてください。親愛なるアレックスおば上様（のちのイギリス王妃アレクサンドラ）にお越しいただいたことを、大変うれしく思っております……」

＊＊＊

曾祖母のダウマーが、その甥、ロシア大公キリルと交わした興味深い文書も、わたしのもとに残っている。キリルは、アレクサンドル三世の弟で、一九〇九年に死去したロシア大公ウラジーミルの息子に当たる。

父の話では、皇太后であるダウマーの存命中は、皇族の誰も皇位を主張してはならないという不文律が存在した。それゆえ、一九二四年、ダウマーの二人の息子、ニコライ二世とミハイル大公の死が宣言されるなり、その年の八月三十一日より皇帝の称号を継承すると声明を出したキリルに、ダウマーは激怒した。

キリルは一九一七年の二月革命勃発時にも、すぐさま臨時政府側に寝返って、自分の連隊を引き連れ国会《ドゥーマ》に駆けつけており、ダウマーはそのことを決して許さなかった。曾祖母は二人の息子の死を信じておらず、キリルの帝位請求は早計であると糾弾した。また、キリルから事前の報告はなく、新聞記事で知らされたことが、彼女の怒りにさらなる拍車をかけた。ダウマーは、元ロシア帝国軍最高司令官でニコライ一世の孫に当たるロシア大公ニコライ・ニコラエヴィチに急遽電報を送った。フランス語で書かれたその下書きが残っている。

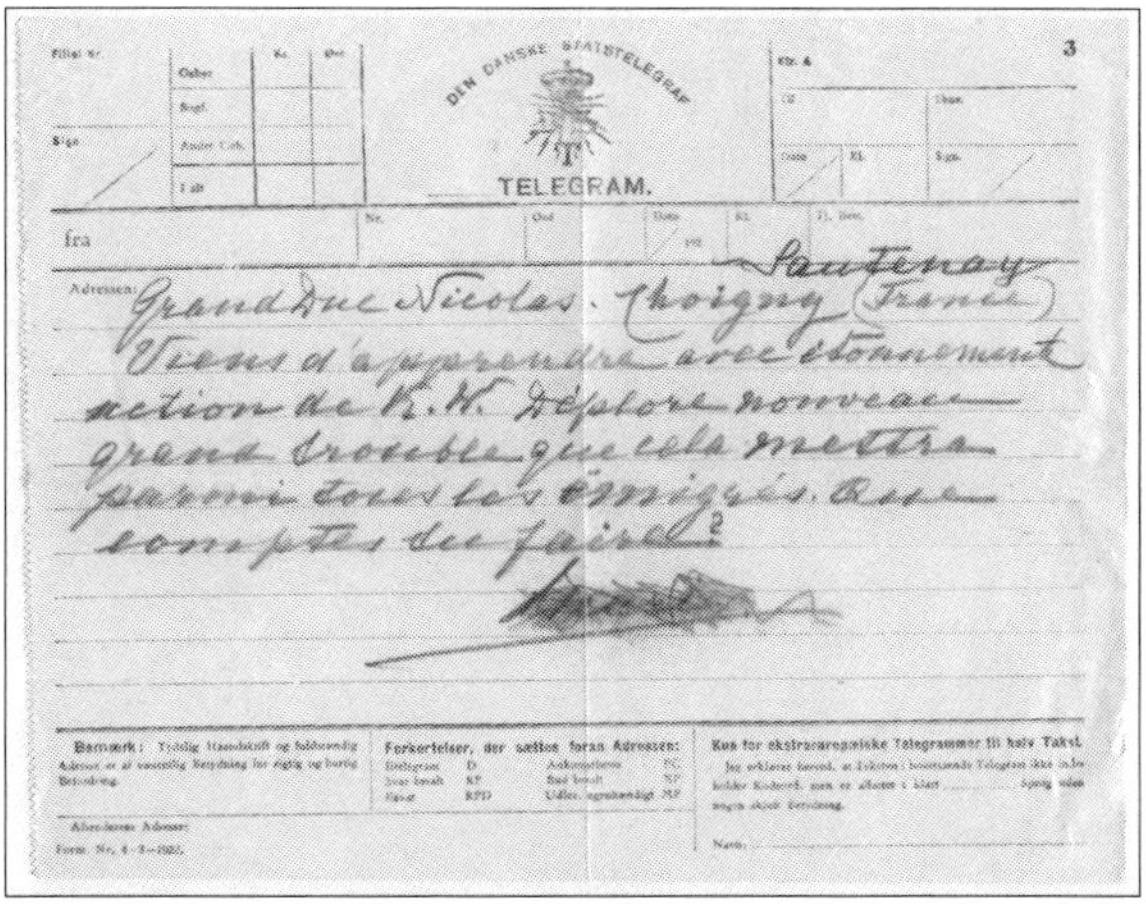

DEN DANSKE STATSTELEGRAF

TELEGRAM.

3

fra

Adressen: Grand Duc Nicolas. Choigny (France) Santenay

Viens d'apprendre avec étonnement action de K.K. Déplore nouveau grand trouble que cela mettra parmi tous les émigrés. Que comptes-tu faire?

1924年、皇太后からロシア大公ニコライに送られた電報

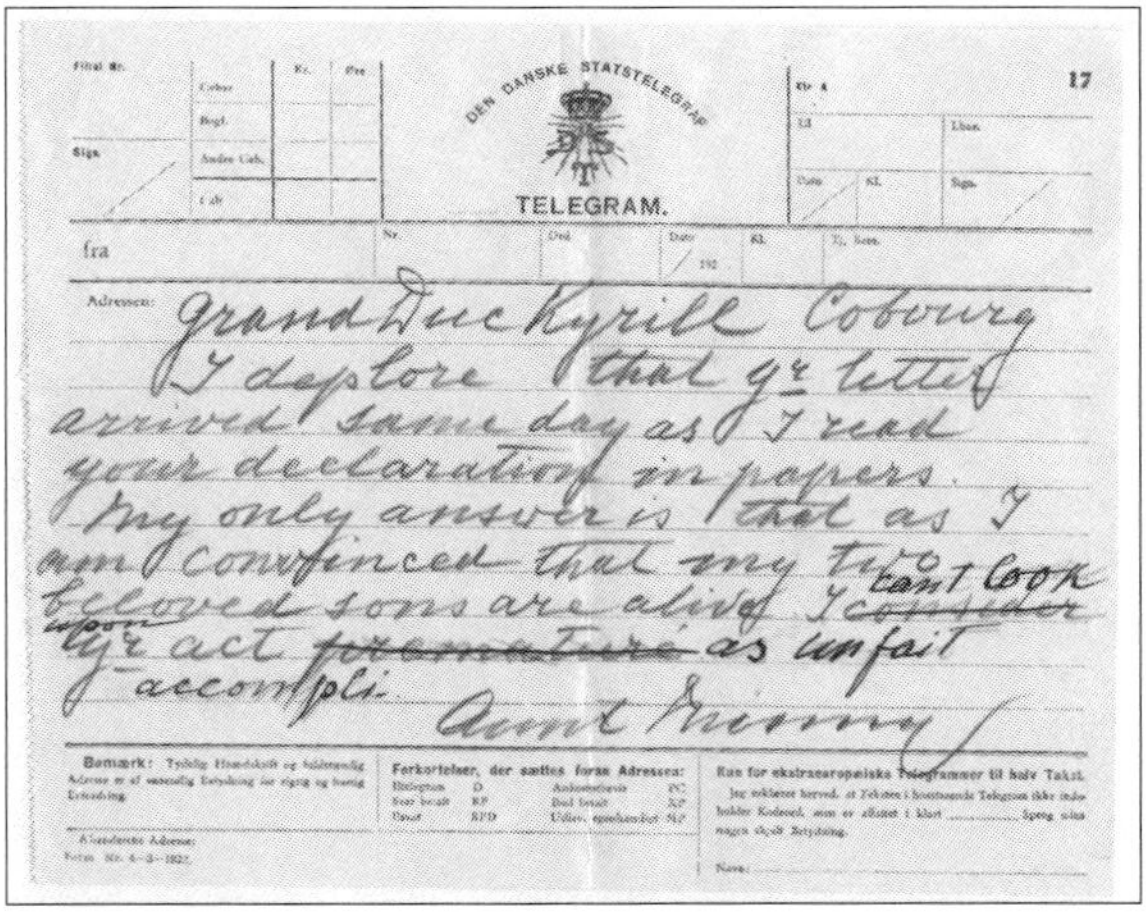

DEN DANSKE STATSTELEGRAF

TELEGRAM.

17

fra

Adressen: Grand Duc Kyrill Cobourg

I deplore that yr letter arrived same day as I read your declaration in papers. My only answer is that as I am convinced that my two beloved sons are alive I can't look ~~consider~~ upon yr act ~~prematurée~~ as un fait accompli.

Aunt Minny

1924年、皇太后からキリルに送られた電報

ショワニ、ニコライ大公殿下へ

たった今、驚愕を持ってK・Vの行動を知らされました。新たな辛苦が全亡命者のあいだにもたらされることを遺憾に思います。あなたはどうすればよいとお考えでしょうか？　マリア

その後ダウマーはキリルに電報を送り、その下書きも保管されている。最後の一文は、「あなたの行動は早計だと考えます」と書かれた上に書き直されている。

コーブルク、キリル大公殿下へ

声明を新聞で目にしたその日に、あなたからの手紙が届いたことを残念に思います。わたくしの返事はただこれだけです。愛する息子二人の生存を確信するわたくしには、あなたの行動を既成事実として受け入れることはできません。

ミニーおば（一族内での愛称）より

キリルは皇帝の称号を宣言したあと、ダウマーへ祝福を請う手紙を書いた。十月四日、彼女はビズオウアから返信する。

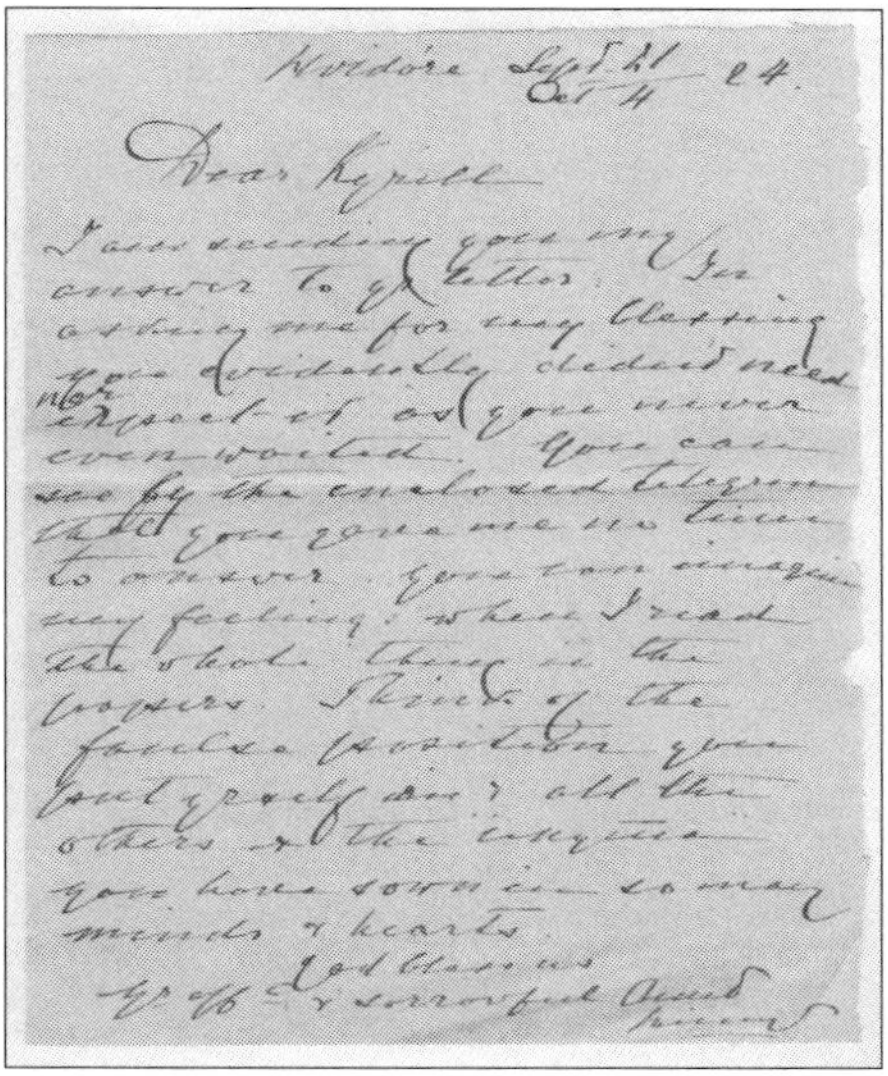
Hvidöre Sept 21 / Oct 4 24.

Dear Kyrill

I am sending you my answer to your letter. You asking me for my blessing you evidently did not expect it as you never even waited. You can see by the enclosed telegram that you gave me no time to answer. You can imagine my feelings when I read the whole thing in the papers. Think of the foolish position you put yourself in & all the others & the confusion you have sown in so many minds & hearts.

God bless us

Yr aff & sorrowful Aunt Minny

1924年、皇太后からキリルへの手紙

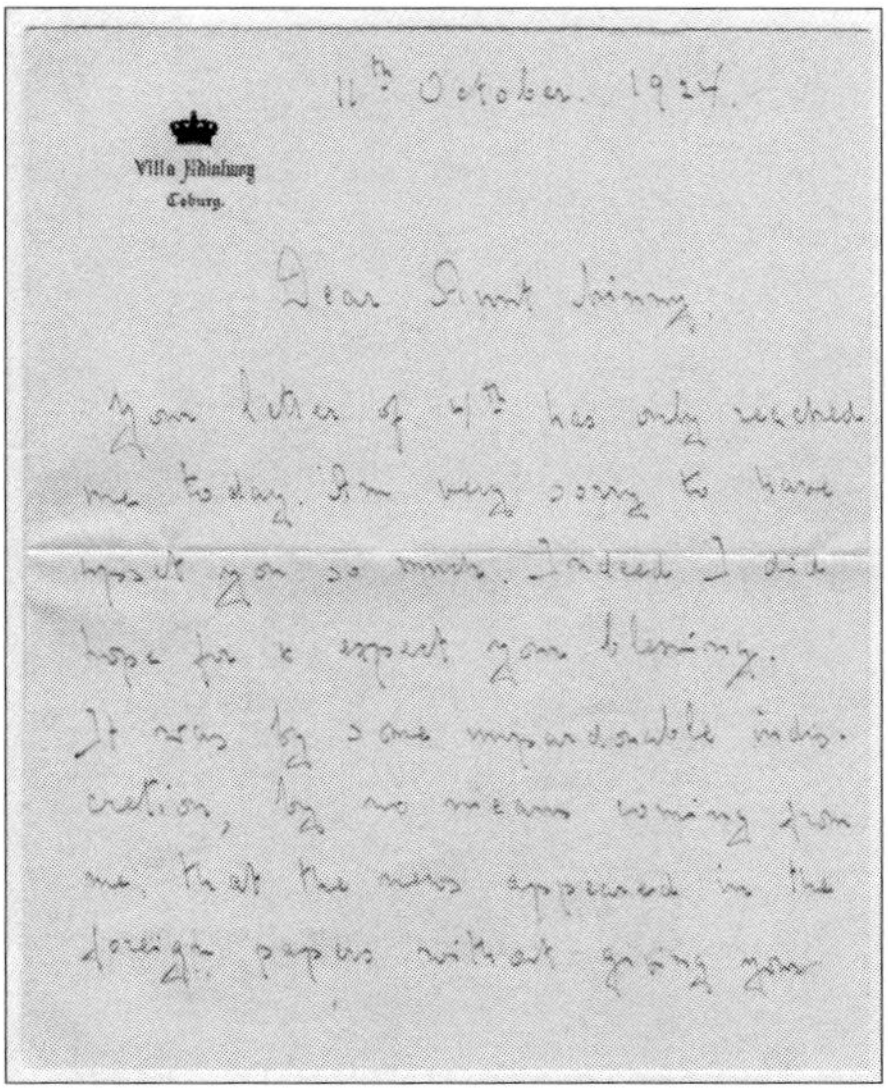
11th October. 1924.

Villa Edinburg

Coburg.

Dear Aunt Minny,

Your letter of 4th has only reached me today. I'm very sorry to have upset you so much. Indeed I did hope for & expect your blessing. It was by some unpardonable indiscretion, by no means coming from me, that the news appeared in the foreign papers without giving you

1924年10月11日、キリルからの返信の一枚目

親愛なるキリルへ

あなたからいただいた手紙への返信を送ります。わたくしの祝福を求めていることにつきましては、あなたがそれを必要としていないのは明らかですし、期待もしていなかったのでしょう。あなたは待とうとしなかったのですから。同封の電報からもおわかりのように、あなたは返事をする時間すらわたくしに与えませんでした。

新聞ですべてを読んだときのわたくしの気持ちはあなたにも想像できることでしょう。みずからとほかすべての者を苦しい状況におとしいれ、大勢の心に不穏の種をまき散らしたことをお考えなさい。

神よ、どうかわたくしたちに祝福を！

ミニーおばより、愛情と悲しみを込めて

翌週、ダウマーは自分の行動を説明しようとする長い手紙をキリルから受け取っている。

一九二四年十月十一日、コーブルク、ヴィラ・エディンバラにて。

親愛なるミニーおば上様

四日の日付が入った手紙が、本日ようやく届きました。おば上様をこれほど動揺させたことを心から残念に思います。実際、わたしはおば上様の祝福を必要とし、期待しておりました。おば上様の返事をいただくより先に外国の新聞に声明が掲載されたのは、容赦しがたい軽率な行為であり、決してわたしによって引き起こされたものではありません。この四年間、おば上様にお目にかかってご相談することだけを願ってきましたが、われわれの誰とも面会を望まず、政治的な議論には関わりたくないとのお返事をいただくばかりでした。おば上様もご存じのように、わたしは苦渋の上にこの大いなる一歩を踏みださねばならなかった。それなのに、おば上様はご子息たちの生存を信じていると宣言された。そのような期待を胸に抱いていながら、何年ものあいだ、ご子息たちが身を隠していそうな場所から彼らを解放する手立てを講じることも、またそうしない理由をわたしに伝えることもなかったとは、果たしてそのようなことがありうるのでしょうか。

帝位を受け継ぐというわたしの宣言に対し、おば上様はニコラーシャの助言にもとづき、わたしの一歩を「早計」と断じ、もろもろのことはロシアで解決する時間がじゅうぶんにあるとおっしゃった！　そのお考えは、ロシア解放のためのいかなる活動にも逆らわんとするものであります。われらが母国を救うという、一致団結した運動の頂に立つのは、おのが神聖なる義務と考えていますことを繰り返すばかりです。誓いましょう、わたしは全力を持っておば上様のご子息たちを探すと。もしもまだお二人がご存命であるのならば。しかしそのときまでは、彼らはすでに存在しないかのごとくふるまわねばなりません。そしてわたしは全権利をもって皇帝旗を掲げ、皇帝の称号を身につけましょう、彼らの足もとへ皇位を差しだすことができるときまで。ほかのいかなる手段をもってしても、ロシア内外の真に考える者たちすべてを団結させることはできないのです。別の者が、この場合はわたしです、おば上様のご子息たちの義務を受け継ぐのを見守る代わりに、過去にはニッキー〔ニコライ二世の愛称〕を何度も裏切り、現在に至るまで破壊活動を続けているニコラーシャに味方するとは、わたしには信じがたいことです。おば上様がこの見解を完全に共有されていることは、おば上様とクセニアの数々の会話から存じております。ニコラーシャには「黒い女たち」(おば上様がかつてそう呼んでいたのです)の息がかかっており、〔それぞれロシア大公ニコライとピョートル・ニコラエヴィチの妻である、ロシア大公妃アナスタシアとミリツァ・ニコラエヴナは〕〔〔 〕部分は手紙にはなく、書き加えられた部分〕彼を神秘の力を信奉する集団の手駒として、全帝国とキリスト教そのものを破滅へ導こうとしたのは、おば上様もご存じでした。霊能者フィリップとラスプーチンを紹介して品位をおとしめ、ニッキーとアリクス〔アレクサンドラ皇后の愛称〕、それに教会を、ゆっくりと、そして確実に荒廃させたのをおば上様はごらんになっています。かつては、おば上様ご自身が夜も昼も彼らを相手に戦われました。最終的にはニッキー自身も完全にこれを悟り、ご存じのように、ニコラーシャを最高司令官の地位から引きおろしています。ニコラーシャがいまだに保っているという人気そのものも、いかなる「君主制」運動にも泥を塗らんとする破壊的集団が、国外へ喧伝しているにすぎません。

よって、ほら吹きどもが率いる活動を、わたしは決して認めるわけにはいかないのです。すべてを説明した上で、祝福を賜るよう再度お願いいたします。わたしの意図は純粋そのものであり、おば上様のご子息とお孫様の思い出に対するわたしの忠誠心は強固たるものであります。おば上様からの返事をお待ちしております。

深く、忠実なる愛情を捧げるキリルより

キリルは皇太后から祝福を受けることはなく、彼の行動は君主制復活運動を分裂へと導いた。ダウマーはロシア大公ニコライ・ニコラエヴィチへの手紙を《ニューヨーク・タイムズ》紙に掲載させ、キリルを公然と糾弾した。プロヴェンダーには、ほかにもロマノフ一族の書簡や書類があったが、わたしは屋敷を修復し、自分の生活費を払うために売らなければならなかった。

第十二章

回想

わたしが初めてロシアへ行ったのは一九九八年七月、皇帝一家の葬儀のためだった。数カ月前に南アフリカから戻ったばかりの次男のフランが同行した。肩の下まで髪を伸ばした彼は、息子というより「用心棒」のように見えた――それはもちろん役立った！

ロシア訪問は驚くべき体験だった。父はモスクワについては特に何も話さなかったが、愛するサンクトペテルブルクについてはたくさん話してくれた。とりわけ父はサンクトペテルブルクからおよそ五十キロ離れている巨大なガッチナ宮殿に愛着を抱いていた。そこはダウマーとともに過ごしたお気に入りの場所であり、一族一同を楽に収容できるだけの広さがあった。

ロシア政府が手配した豪華なバスに乗り込んで市内へ差しかかると、わたしは故郷へ戻ってきたような感慨に打たれた。父があれほど話してくれた場所を見回し、眺めるのは、不思議な感覚だった。わたしはサンクトペテルブルクに恋をした。あそこには何か魔法のようなものがある。革命の舞台となった場所にいても、動揺は感じなかった。すべての悲劇が起きたときには、わたしはまだ生まれてもいなかったのだから。

子どもの頃に会ったことがあるだけの親類や、初対面となる親戚と顔を合わせるのも、すばらしい体験となった。わたしたちは全員、アストリア・ホテルに集合した。すでに予約で満室だったため、息子とわたしは河岸のペテルゴフ・シップという客船に宿泊した。バスはホテルから出るため、毎朝そこまで移動する必要があった。

二〇一六年に死去したロシア大公ドミトリーは先にエカテリンブルクへ行き、ニコライ二世とその家族の棺が巨大な輸送機に運び込まれるのを見守った。サンクトペテルブルクのプルコヴォ空港に輸送機が到着したとき、親戚一同は赤いカーペットをはさんで楽団の向かいにたたずんでいた。エリザベス女王は、ロイヤル・スコッツ近衛竜騎兵連隊から四人の将校とバグパイプ奏者一名を派遣した。ニコライ二世は、かつてロイヤル・スコッツ・グレイズと呼ばれたこの連隊の名誉連隊長を務めていたのだ。

巨大な輸送機は見事な操縦でわたしたちの真横に停止し、棺は位が低い順から一つずつ運びだされた。最初は料理人、メイド、それから従者に医師と続き、子どもたちが年齢順に出されたあと、いよいよ皇后の番となった。そこまではロシア軍の兵士が棺を運び、皇后の棺の運び手は上級士官が務めた。最後は、スコッツ・グレイズが皇帝ニコライ二世の棺を担ぎだす。

どれもとても小さな棺だった。子ども用のサイズと言っていい。棺は霊柩車に改造された、まったく同型のグリーンのヴァンにそれぞれ運び込まれた。棺の横側には房飾りがついていたと思う。どれもなんらかの特徴があった。

わたしたちはサンクトペテルブルクまで棺を追走した。沿道は大勢の見物人で埋まり、彼らの反応を眺めるのは興味深かった。棺が通過すると誰もが十字を切った。わたしたちはみな軽い驚きを覚えた。

歴代皇帝が埋葬されているペトロパヴロフスク大聖堂は、ペトロパヴロフスク要塞となっている島にあり、橋を渡るために棺がおろされた。そこから大聖堂までは、スコッツ・グレイズのバグパイプ奏者の演奏がずっと鳴り響き、感動的な光景となった。やがて棺は大聖堂内に安置され、長い礼拝が始まった。

翌日に行われる実際の葬儀にエリツィン大統領が現れるかどうかは、誰も知らないようだった。大統領が参列するとの知らせがロマノフ家協会総裁のロシア公ニコライに届いたのは、その夜のことだ。

翌日、エリツィン大統領は側近を引き連れて大聖堂に現れた。わたしは葬儀の直前に化粧室へ行き、ドアが閉ざされる三十秒前に戻ってきたところだった。遅れていたらおそらく閉めだされていただろう。あの葬儀のなんと長かったことか！　言葉は一つもわからないながらも、実に感動的だった。

つい数カ月前、わたしは皇帝の棺の運び手を務めたロイヤル・スコッツ近衛竜騎兵連隊の将校と再会している。彼と会うのは葬儀以来初めてだった。モスクワ総主教キリル一世のために騎兵隊クラブで開かれた内輪の晩餐会でのことだ。人数は六十名で、わたしは妻が来られなかった男性のために、おまけとして招かれた。キリル主教のお話のあと、将校が立ちあがって挨拶の言葉を述べた。

その後、わたしはテーブルを回って、彼と話をしに行った。再会を喜び、抱擁とキスを交わす。空港で皇帝一家の棺を迎え、最後の安息の地まで送り届けたのは感銘深い出来事だったと彼は語った。

イギリスでは式典の行進は常に壮麗なものだが、あの日、わたしがロシア人の兵隊に関して気づいたのは、軍帽を顎の下に引っかけたゴム紐で固定していることだ。男性が顎の下にゴム紐！　わたしにはおかしなものに見えた。

父の弟の息子ロスチスラフは癌を患っており、症状が落ち着いている時期であったため、参列することができた。彼は大聖堂で床と棺に口づけをした。葬儀のあと、自分の母親に会うためにマサチューセッツ州、ナンタケットへ行き、彼はそこで体調を崩す。サンクトペテルブルクにいるあいだに引いた風邪が、アメリカに到着したあと悪化したのだ。

最初はただの風邪だと思われていた。しかし、どうやらサンクトペテルブルクの大聖堂からナンタケットへ移動したどこかの時点で、癌とよく似た症状を引き起こすなんらかのウィルスに感染したようだった。近くの大都市の、おそらくボストンだろう、病院にかなりのあいだ入院し、その後ロンドンへと飛行機で戻り、ロイヤル・マーズデン病院に移った。翌年、彼の命は癌に奪われた。とても悲しいことであり、彼の子どもたちには悲劇的な死だった。

＊＊＊

別の機会に娘のポギーとサンクトペテルブルクを訪れたとき、わたしたちはモイカ運河沿いにあるユスーポフ宮殿を訪れることにした。そこはサンクトペテルブルクでのユスーポフ公の本邸で、革命直後、ティティおばの数々の宝石を含む一族の財宝を隠すため、彼が戻ってきた場所の一つでもある。あいにく、ユスーポフ公が隠した財宝は、のちにボリシェヴィキによって発見されている。

宮殿のエントランスはひどく薄暗く、中へ入りながらわたしたちは不気味な感じを覚えた。照明がなかったことに加えて、漆黒塗りの上がり段がそんな印象を与えたのだろうか。受付にいる者たちは英語をまったく話さず、わたしたちは英語の音声ガイドが録音された、ヘッドフォン付きのオーディオカセットをそれぞれ借りた。

宮殿内をめぐっていると、娘はわたしに顔を向け、この場所は少しも好きじゃないと言った。長い廊下を歩いている途中で、娘は音声ガイドより先へ進んでいた。できるだけさっさと外へ出たかったからだが、ツアーの順路を示す矢印に従わなければならない。

宮殿内にある劇場に入ると、豪華な装飾に息をのんだ。まさに壮麗そのものだった。しかし、舞台のほうへ近づくにつれて、二人とも吐き気を覚えた。わたしたちは引き返して、地下にある化粧室へ寄ることにした。音声ガイドはまだ一番目の部屋を解説しているのに、わたしたちは一般公開されている部分はだいたい見終わっていた。そのことと、誰も英語を話さないことを、二人でくすくす笑った。

化粧室から出たところで、下を向いた矢印が狭い廊下を示しているのが目に入った。廊下の先には閉ざされたドアがあり、ポギーは調べたがった。娘のほうが少し先を歩き、ドアが近づくにしたがい、その顔が真っ青になっていく。娘は足を止めて、わたしを待った。

娘と並んだときには、わたしも気分が悪くなっていた。二人とも足を前へ踏みだすことはできなかった。わたしたちは引き返し、誰か英語を話す人を見つけることにした。受付まで戻ると、ポギーは地下で何が起きたのかを尋ねた。すると、そこにはユスーポフ公がラスプーチンに発砲する前に、ケーキとワインで毒殺を試みた部屋があることを教えられた。今回の訪問まで、娘はその宮殿がラスプーチン暗殺の舞台になった場所だということをまったく知らなかった。

今ではラスプーチンが狭い裏階段を這って地下室から抜けだし、通用口から中庭へ出て、そこで最終的に殺害されたことを二人とも知っている。娘とわたしはたしかに不気味な体験をし、あの場に霊の存在を感じた。

＊　＊　＊

かつて皇帝の冬宮殿であったエルミタージュ美術館はもちろん訪問した。冬宮殿の屋上に庭園があることは、父から聞かされていた。庭園はまずまずの広さがあった。

当然ながら、わたしは父が生まれたニコライ二世の音楽室をぜひ見たいと願っていた。ガイドは父がそこで生まれたことは知らず、窓ガラスに文字が刻まれていることにも気づいていない様子だった。わたしは窓辺に歩み寄り、わっと泣きだした。ガラスには祖父のサインと父の名前、誕生日が、聞かされていた通りに記されていたのだ。父の誕生の記録は、革命と第二次世界大戦を奇跡的に生き延びていた！　万感が胸に迫り、わたしは大泣きした。当時十九歳だった次男から、「しっかりしてよ、母さん！」と言われたことを覚えている。

祖父のサインは窓の内側にあった。初期のタイプの二重窓で、外窓の内側にガラス製の鎧戸が設置されている。ロシアではエッチング・ペンを使い、窓ガラスにさまざまな出来事を記す習慣があった。

二度目にその部屋を訪れたときには、内側の窓ガラスは、ニコライ二世皇后がこう記したものに取り替えられていた。「一九〇二年。軽騎兵隊を眺めるアレクセイ」。どうやらわたしの祖父が字を刻んだガラスと、アレクサンドラ皇后のものが現存しているらしく、ふだん旅行者が見せられるのは後者のようだ。ある意味、歴史の書き換えではあるが、わたしの父はこんにちではそれほど知られていないのだろう。幸い、わたしは祖父の窓ガラスを別の機会にもう一度見ることができた。

＊＊＊

二〇〇六年、曾祖母ダウマーの墓は、本人の遺志にもとづいて、デンマークからロシアへ移された。わたしたちは曾祖母の遺骨がデンマークから去るのを見送りに、ほかの大勢の親族とともに、コペンハーゲンのアドミラル・ホテルに宿泊した。

大々的に追悼式が行われる前夜、ロスキレ大聖堂に眠るダウマーの遺骨は、地下納骨堂から取りだされ、身廊へ移されることになっていた。わたしはデンマーク人のジャーナリスト、アナ・フォン・ロウソウの車に乗せてもらい、あっという間に大聖堂へ到着した。

アナに心から感謝を！　あれだけ親族が集まっていながら、大聖堂にはほとんど誰も来ていなかったのだ。みんなお酒を飲んでホテルでくつろぎ、これが大切な儀式だとは考えていなかった。その場にいたのは、ロシア大公ドミトリーとその妻ドリット、アレクサンドル三世の子孫に当たるパウル・クリコフスキーとその妻だけだ。全員が集合することになっていたものの、ドミトリーはこの点を明確に伝えていなかった――当然みんな来るものと見なしていたのだ。

「本当によかったよ、きみは来てくれたんだね」。彼は言った。

儀式はとても感動的なものだった。納骨堂から運びだされた皇太后の棺に、ロマノフ王朝の黄色い皇帝旗がかけられているさまは、どこか非現実的ですらあった。曾祖母の棺は身廊へ運ばれ、翌日はデンマーク女王マルグレーテ二世とデンマーク王室のそのほかのメンバーが出席する中で盛大な追悼式が執り行われた。その後、棺は霊柩馬車にのせられてコペンハーゲンの通りをめぐり、新たな小型砲艦が待つ埠頭へ向かった。ドミトリーとドリット、パウル・クリコフスキーは棺に同行した。

曾祖母の棺は鉛張りで、底は大理石板になっているため、恐ろしく重量があった。小型砲艦へのせようとするがうまくいかず、海軍か陸軍の将校は――すこぶる男前のデーン人だった――いきなり足でぐいと押し込んだ！　ああ、デンマーク人の将校たちの男ぶりときたら！　彼らがロシアに到着したとき、若い女性たちは、そう若くない女性たちも、よだれを垂らさんばかりに見とれていた。

デンマークを出発する前、わたしはコペンハーゲンに新たにできた「ダウマー皇后広場」で記念碑の除幕をし、それからサンクトペテルブルクへ飛び立った。

その間、ダウマーの棺は小型砲艦でサンクトペテルブルクにほど近いクロンシュタット海軍基地へ運ばれ、そこでロシア軍の船に移された。そしてペテルゴフ宮殿まで旅を続け、庭園内の小さな礼拝堂に安置された。曾祖母の棺へ歩み寄り、キスをしたことを思い出す。長蛇の列ができており、ダウマーに敬意を表すために訪れた人の多さにわたしは驚きを覚えた。

葬儀は聖イサアク大聖堂で行われた。わたしはそこへ行くのは初めてだった。おびただしい数のロウソク、孔雀石やラピスラズリの柱と、ただただ息をのむばかりだった。現在では博物館となり、わたしも何度か再訪しているけれど、雰囲気は同じではない——今ではすっかり薄暗くなってしまった。葬儀の日は、あれほど明るく燦然と輝いていたのに。司祭の数は五十名は超えていただろう。聖職者には一定の規律が求められるものと考えていたわたしの娘は、一部の司祭がカメラを取りだし、棺の写真を撮影しはじめたのにぎょっとしていた。

葬儀のあとはバスに乗り、聖イサアク大聖堂からペトロパヴロフスク要塞へ移動し、バスを降りて島へと橋を渡った。

ペトロパヴロフスク大聖堂での最後の埋葬式で、ロマノフ一族は大聖堂内の一つの区画に固まり、ギリシア王コンスタンティノス二世や、イギリスのマイケル・オブ・ケント公、ほかさまざまな人々は別の区画に集まった。ドミトリーとニコライはわたしの背中を押してロマノフ一族の先頭に立たせ、こう言った。「きみが一番の近親だ」

ヨーロッパ中の王族、皇族が大勢参列していたため、爆弾やテロ攻撃の標的にされるのが心配されていた。デンマークからの随行団の一人は、天井を観察するのに忙しくて床に墓穴があるのを見ておらず、ドン！ と、大きな音をたてて落下した。あたりに鳴り響いたその音はみんなを驚かせ、大勢が体を伏せるのが見えた。その男性はすぐに引きあげられたものの、携帯電話を落としてきたのは明らかだった。墓穴が埋められたあと、呼び出し音が鳴っているのが聞こえた。幸い、けがはなかったが、墓穴は石造りなので、相当痛かったに違いない。

これはのちに聞いた話だ。ダウマーを夫の隣に並べるべく、墓を掘りに行くと、そこはすでに土が掘られているのがわかった。革命前、アレクサンドル三世が埋葬されたときに、いずれダウマーをそのかたわらに横たえられるよう、あらかじめ準備されていたのだった。

改葬後、ロシア民族博物館で盛大な会食が営まれた。しかし、デンマーク王太子妃メアリーが妊娠初期だったため、会食は途中で切りあげられた。もっとも、わたしたちはそのことは知らされておらず、彼女の体調が悪くなったため（葬儀のあいだも具合がよくなく、少しのあいだ席をはずしていた）、王太子夫妻が帰ると、作法にならって会食はコースのひと皿目で終了となった。その後すぐに、王太子妃のご懐妊が発表された。

＊＊＊

サンクトペテルブルクであれ、モスクワであれ、わたしは行くときは必ず団体で行き、葬儀、改葬、もしくはそのほかの目的があったため、自由気ままにどこかを観光することはなかった。けれど、六年ほど前、わたしは娘とエカテリンブルクへ旅行に行く機会に恵まれた。十二月の初旬で気温はマイナス三十一度、鼻毛まで凍りつき、外へ出るたびにスカーフをぐるぐると顔に巻きつけた。

ニコライ二世一家が処刑されたイパチエフ館の跡には聖堂が建てられ、「全ロシアに輝ける諸聖人の名による、血の上の大聖堂」と命名された。わたしたちはホテルから徒歩でこの大聖堂へ向かった。おそらく四百メートルも離れていないものの、もっと遠く感じられた。舗道の両脇には雪が二、三メートルも積みあがり、空は青く、太陽は輝いているというのに、身を切るような寒さだった。

わたしたちは大聖堂に到着すると、一階部分を見て回り、地下へおりた。そこには皇帝一家が殺害された地下室が再現されている。とても心を揺さぶられる体験で、娘とわたしのように超自然的なものを感じ、ときには見ることができる者にとっては、なおさら興味深いものだった。

英語を話す者は誰もおらず、わたしが何者かがようやく伝わると、びっくりするほど大喜びされた。「明日また来てください。ビデオ撮影をしたいですし、通訳できる者を連れてきます」。彼らにそう言われた。

翌日、十一時に戻ると、わたしたちは司祭の屋敷へ案内され、ジャム入りの紅茶――これはわたしたちには奇妙に思えた――、それにたくさんのケーキとごちそうをふるまわれた。わたしは気分がすぐれなかったため、皇帝一家の遺骨が発見され、今ではそれぞれの場所に木製の教会が立っている場所へ行くのは遠慮した。娘は行ったものの、そこは一本道になっていて、あきれるほど混んでおり、たいした距離でもないのに、タクシーで行って帰るのに四時間もかかったのだ！

＊＊＊

モスクワへは三度か、四度ほど行っている。クレムリンはわたしの大のお気に入りで、数々の大聖堂、中でも皇帝の戴冠式の舞台として三百年を超える歴史を持つ生神女就寝大聖堂《ウスペンスキー》の美しさは圧倒的だ。クレムリンの城壁の内側に足を踏み入れると、帝政ロシアの時代へと時間がさかのぼったかのような感覚にとらわれる。

けれども、モスクワの雰囲気は好きではない。サンクトペテルブルクのような心地よさが感じられないのだ。あまりに商業的で、けばけばしい人々ばかりがやたらと目につく。わたしはモスクワを娘と一緒に冬場に訪れ、サンクトペテルブルクへも冬場に行っている。どちらも同じ旅でだった。わたしは招かれなければ、モスクワへ行くつもりはない。ただ、誰もがとても親切にしてくれた。

ニコライ二世の三女マリアと、一人息子アレクセイの埋葬はまだ行われていない。二〇一八年かその翌年ぐらいになるのだろうか。それとも永遠に実現しないのかもしれない。ロシア正教会は二人の遺骨が本物であるかを疑問視し、二〇一六年には葬儀の予定を三度中止にしている。残念なことだ。

ロシア大使館からは、葬儀が行われることが確定するまで、航空券を購入しないよう忠告されていた。けれども、ブリティッシュ・エアウェイズとアストリア・ホテルの組み合わせで格安パックがあったため、わたしは長男夫妻の分も合わせて予約を入れてしまった。ニックはロシアへ行ったことがなかった。それまでの葬儀のときは空軍に所属しており、仕事の性質上、勝手に国外へ出ることは許されなかったのだ。みんなチケットを購入していたのに葬儀は中止となり、チケット代は無駄となった。

その後も新たに葬儀が行われる日程の噂が広まったが、それも中止となっている。

ロシア正教会とプーチン大統領は、遺骨の特定のためにＤＮＡサンプルを採取すべく、皇帝一家全員の遺骨を納骨堂から掘りだすよう命じた。そしてダウマーとアレクサンドル三世に対しても、同様になされた。共産主義者たちはわたしの曾祖父を安らかな眠りに就かせていたというのに、同じ敬意を示されないのは遺憾に思う。

遺骨が本物かという問題は大論争を引き起こしているが、わたしたちは専門家の鑑定通りだと考えている。今や政治が絡んで、複雑怪奇なことになってしまった。わたしはアレクセイとマリアの葬儀は、一家の殺害からちょうど百年になる二〇一八年に合わせて計画されているのではないかとにらんでいる。

ニコライ二世の弟ミハイルの遺骨もようやく発見されたようだ。彼はペルミ郊外の森でボリシェヴィキに銃殺され、遺体の埋葬場所は長らく不明だった。およそ五年前、ミハイルの遺体は鉱山の奥で発見された。同じ場所で見つかった秘書のジョンソンは、秘書というよりも実際にはミハイルの友だった。

このことはプロヴェンダーのツアーに参加していたロシア人の男性から――彼は歴史学者だったと思う――聞いて初めて知った。その後、ほかの誰かからも、たしかロシア大使館の方だっただろう、同じ話を耳にした。遺体はたまたま発見されただけで、埋葬する場所も用意していなかったため、対処に困ったロシア政府はそのことを内密にしていた。ＤＮＡ鑑定で遺体は特定されたが、その後二人の遺体がどうなったかをわたしは知らない。

＊＊＊

わたしは年長世代の若手として、ロマノフ家協会の活動に関わっている。わたしのいとこは、父の弟ヴァシーリー公の娘、マリーナを除くと、今や全員鬼籍に入った。父の世代は年齢の近い親族が多数おり、小さなグループが生まれた。それが七〇年代、パリでロマノフ家協会となり、第二世代の一部も加わった。

前回の総会は、ペテルゴフ宮殿の地所に立つダウマーの自邸、ペテルゴフ・コテージで開かれた。父はその場所を愛していた。ヴィクトリア様式の魅力的な建物で、上階にある特別な部屋のことを、父は褒めちぎったものだ。その部屋は愛らしく、夏場は壁を折りたたみ、日光を入れられるようになっていた。父からその部屋のことをよく聞かされていたわたしは、初めて出席した総会でコテージの上階へ向かい、すっかり心を奪われた。一方、次男のフランはそのあいだ一階にいた。彼は仕切りのロープをくぐって自分の曾祖父の椅子に座り、すぐに追い払われた！

ロマノフ家協会の次の総裁が誰になるのかは、目下のところ定かではない。総裁を務めていたロシア公ニコライは二〇一四年に死去し、彼の弟のドミトリーも二〇一六年に永眠した。わたしの異母兄アンドレイは九十五歳になる。彼には息子が三人いるものの、全員がアメリカ生まれのアメリカ育ちだ。長子のアレクシーはわたしより三つ年下で、母親がロシア人だったため流暢なロシア語を話すものの、彼も異母弟のピーターも子どもはいない。三男のアンドリューに、二十代になる娘が一人いるだけだ。「あなたたちにはまだ息子を作る時間があるでしょう」とわたしが彼らに言うと、こう返された。「いやいや、プリンスという称号のせいで、学校ではさんざんからかわれたんだ。そんな思いをほかの男の子にさせたくないね」

ロマノフ家協会は公式行事とはいっさい関わりを持っていない。親類の近況を確かめ合い、わいわいと楽しむのが目的で、大きな意義は有していない。しかし、ドミトリーが運営していた〝ロシアへのロマノフ基金〟はまったく別で、こちらは立派な意義を持つ慈善活動である。昨年、プーチン大統領はドミトリーの貢献を認めて勲章を授与している。

ミーシャの愛称で知られる、わたしの父の弟ロスチスラフ公の孫、ロスチスラフ・ロスチスラヴォヴィチ・ロマノフが基金の運営を引き継ぎ、彼の弟のニキータと姉のアレクサンドラも活動に携わっている。ミーシャは二〇一七年一月に行われたドミトリーの葬儀では、棺の運び手の一人を務めた。この三人には基金を組織するだけの手腕があるので、すべて順調に運ぶことだろう。

わたしはさまざまな舞踏会の後援者になっており、宿泊先や航空券などは無料で提供してもらえる。そのうち四つはロシア関連の団体が主催する舞踏会だ。大いに楽しめる場合もあるも

の の、出席者や隣に座っている人物次第であるのも事実だ。とはいえ、舞踏会で本当に大切なのは、人と集まって挨拶を交わし、礼儀正しくにこやかに微笑むことだ。

わたしの子どもの誰か一人でも一緒のときは、なかなか愉快になるものだ。というのも、「お母さん！　そんなことを言うものではないでしょう！」と子どもが血相を変える瞬間が決まってあるからだ。もっとも、最近では子どもたちもわたしのことをそれほど恥ずかしがらなくなった。けれども、わたしはまだまだ彼らにいやというほど恥をかかせることができる。

ロマノフ家の家長問題に関しては、わたしにはなんとも言えない。理屈上、血の濃さのみを考えるならば、次の家長はわたしの異母兄で、その次がわたし、さらにその次が異母兄の子どもたちとなるが、実際にはそうはならない。あいにく、女性には継承権がないからだ。枝分かれした系図は最後の皇帝ニコライ二世からはるかに離れ、しかも、女系の子孫は除外される。

わたしの父は、民が求めるのでない限り、ロマノフ家の者がロシアの君主となることはもう二度とないといつも言っていた。もしもこんにち、誰かが君主の座に就くことがあれば、それは政治のために据えられた傀儡でしかない。

しかし、父はこうも言っていた。いずれロシアは正しい道へと戻るだろう——今の道は過ちの上に築かれたのだから。

謝辞

この本に貢献してくださった以下の方々に感謝を申し上げます。わたしのエージェント、シャーロット・エリス。彼女の展望と激励なしでは、この本は誕生しませんでした。ロマノフ家の歴史に関する専門的な助言と膨大な知識を提供してくれたコリン・ホール。歴史的背景を正確にとらえ、それらをわたしの幼年時代の記憶とつむぎ合わせるうえで大いに役立ちました。写真の人物を特定し、説明文を加える手伝いをしてくれたデンマーク出身のプレーベン・ウルストロプ。そしてわたしの出版社、アンソニー・ワーナー。

訳者あとがき

本作はロシア公女オリガ・アンドレエヴナ・ロマノフの半生が綴られた自叙伝です。ロマノフという名前、それにロシア公女という呼称を見ればおわかりのように、彼女はロシア最後の王朝、ロマノフ朝の末裔です。父親のロシア公アンドレイは、エカテリンブルクで家族もろとも銃殺されたニコライ二世の甥に当たり、サンクトペテルブルクの宮殿で生まれ育ち、若き軍人としての道を歩んでいました。しかし、一九一七年のロシア革命時に、母親でニコライ二世の妹クセニア、そして祖母、マリア・フョードロヴナ皇太后たちとともにクリミアへ逃れ、その後イギリスへ亡命します。このロシア公アンドレイは、並外れた美的センスの持ち主だったようで、アクセサリーなどのデザインでその才能を発揮しますが、宮殿育ちであるがゆえに金銭感覚はなきに等しく、店を開いたものの、共同経営者に金を持ち逃げされてしまいます。その後も絵を描いて売るなどしていますが、お金を稼ぐという概念は乏しかったようです。

彼の二度目の妻でオリガの母親となるナディーン・マクドゥーガルは、製粉業で財をなしたスコットランドの氏族《クラン》、マクドゥーガルと、フィンランドの名家、ボルグストロム家の娘としてイギリスで生まれ、社交界での礼儀作法を身につけるためにフィンランド大使館でのパーティーに出席していたところ、ロシア公アンドレイと出会います。この頃まだ健在だった彼の先妻が亡くなったのち、二人はスコットランドで再会を果たして結婚。ひと粒種のオリガが誕生します。

オリガが生まれたのは一九五〇年ですので、彼女が知っている革命時やその後の混乱に関する話はすべて伝聞です。そのため、多くはすでによく知られていることであり、また、伝え聞いたことがらであるせいか、オリガ自身もどこまでが事実なのかは定かでない部分もあるようです。父、ロシア公アンドレイの誕生日も、一般的には一月二十四日となっているのに、その生誕を記念するブレスレットには一月二十五日と記されているそうで、作中では後者の日付に従っています。多少あいまいな点があるとは言え、ニコライ二世の妹であり、イギリスのエドワード七世妃アレクサンドラをおばに持つロシア大公女クセニアの晩年の姿などは、やはり身内だけが知っているものでしょう。おばのアレクサンドラ王太后と、その妹でクセニアの母親、マリア・フョードロヴナ皇后は、若かりし頃はその美貌がヨーロッパ中に知られたもので、大きく優しげな瞳を持つクセニアも美しいことで評判でした。革命直後、クセニアをロシアから救出する密命を受けたイギリスの将校は、任務が完了してから自分の妻にことの次第を打ち明けたところ、妻は夫が助けた相手が美人として有名なクセニアだと知ってへそを曲げた、という話が本作で語られています。若き日のクセニアの写真を見ると、将校の妻が嫉妬するのも無理はないという気がします。

また、父親の姉で、七人きょうだい中、唯一の女性、イリーナ・アレクサンドロヴナは、ラスプーチンを殺害したフェリックス・ユスーポフ公の妻として有名なものの、本人に関することはあまり知られておらず、同性愛者だった夫ユスーポフ公とともに、どこか冷ややかで近づきがたいイメージがありました。ところが、姪であるオリガが知っているイリーナは、ティティと呼ばれて家族に親しまれ、幼いオリガがおまるに座っているところを動物にたとえた姿でイラストに描いてくれたり、ロンドンの宝石店でファベルジェ作のイースター・エッグから馬車を取りだして転がし、店員を慌てさせたりと、お茶目で魅力的なおばだったようです。

オリガが本作で自分の家族や親戚と同等の愛情を込めて綴っているのが、母から受け継いだケント州の屋敷、プロヴェンダー・ハウスのことです。七百年という長い歴史を持つこの屋敷には、ジェイン・オースティンの姪も住んでいたことがあり、おまけに幽霊まで取り憑いているそうです。時の重みを感じさせる建物の改修工事は、ゆっくりと、慎重に継続しており、現在では披露宴などのイベント会場として使用されています。

オリガ自身はロシア公女という呼称を持ち、イギリスのチャールズ皇太子の花嫁候補にも挙がったことがあるのですが、とても気さくな性格らしく、いつもジーンズにブーツ、それにダウンベストという格好です。彼女らしい、気負いのないこの自叙伝を、お楽しみいただければ幸いです。

［著者］
オリガ・ロマノフ公女〈Princess Olga Romanoff〉
　1950年イギリス・ロンドン生まれ。父はロマノフ王朝最後の皇帝ニコライ二世の最年長の甥アンドレイ・ロシア公。イングランド南東部ケント州の屋敷「プロヴェンダー・ハウス」で育つ。現在は13世紀に建てられた歴史的建造物でもある「プロヴェンダー・ハウス」の維持に努めながら、複数のチャリティ団体のパトロンとなっている。

［訳者］
井川 歩美〈いがわ あゆみ〉
　翻訳家。主な訳書に、北川由子名義でハンニバル『亡霊は砂塵に消えた』、フッド『殲滅の銃火』、ハワード『不可解の国のアリッサ』（以上、竹書房）、鮎川由美名義でロバーツ『心惑わせる影』（扶桑社）、小川みゆき名義でロリンズ『穢れた血』（オークラ出版）ほか。

オリガ・ロマノフ　わたしはプリンセス

著　者　オリガ・ロマノフ公女
訳　者　井川歩美

2018年6月15日　初版第1刷発行

発行人　揖斐 憲
発　行　東洋書店新社
〒150-0043 東京都渋谷区道玄坂1-22-7 道玄坂ピアビル5階
電話 03-6416-0170　FAX 03-3461-7141

発　売　垣内出版株式会社
〒158-0098 東京都世田谷区上用賀6-16-17
電話 03-3428-7623　FAX 03-3428-7625

装　丁　伊藤拓希
印刷・製本　中央精版印刷株式会社

落丁・乱丁本の際はお取り替えいたします。定価はカバーに表示してあります。

ISBN978-4-7734-2031-9